GCSE french
teacher's resource book

Richard Marsden

Consultants:
Ian Maun
Iain Mitchell

ICT consultant:
Anne Looney

JOHN MURRAY

Acknowledgements

The authors and publishers would like to thank the following for their contributions to the recording:

Jean-Pierre Blanchard, Marianne Borgo, Eveline Celerien, Stéphane Cornicard, Philippe Cruard, Pamela Farbre, Nicolas Fournier, Mathieu Korwin, François Lescurat, Luis-Arnaud Montfort, Sophie Pageon, Carolle Rousseau, Vanessa Seydoux, Philippe Smolokowski

Audio material recorded and produced by John Green/TEFL tapes

© Richard Marsden 2002

First published 2002
by John Murray (Publishers) Ltd
50 Albemarle Street
London W1S 4BD

All rights reserved. The material in this publication is copyright and cannot be photocopied or otherwise produced in its entirety or copied onto acetate without permission. Electronic copying is not permitted. Permission is given to teachers to make limited copies of individual pages marked © John Murray, for classroom distribution only, to students within their own school or educational institution. The material may not be copied in full, in unlimited quantities, kept on behalf of others, distributed outside the purchasing institution, copied onwards, sold to third parties, or stored for future use in a retrieval system. This permission is subject to the payment of the purchase price of the book. If you wish to use the material in any way other than as specified you must apply in writing to the Publisher at the above address.

Layouts by Liz Rowe
Typeset in Great Britain by Wearset Ltd, Boldon, Tyne and Wear
Printed and bound in Great Britain by Athenaeum Press, Gateshead, Tyne and Wear

A CIP catalogue record for this book is available from the British Library.

ISBN 0 7195 8021 8
Student's Book 0 7195 8019 6
Audio on cassette 0 7195 8023 4
Audio on CD 0 7195 8022 6

Contents

	Introduction	**v**
	Matrix of GCSE topic coverage	**viii**
	Matrix of GCSE grammar practice	**ix**
Unité 1	La vie de tous les jours (Everyday activities)	1
Unité 2	La famille, les amis, les loisirs (Personal/social life)	9
Unité 3	Ma ville, ma région (The world around us)	17
Unité 4	Il faut travailler! (The world of work)	24
Unité 5	Découvertes: voyages, médias, problèmes (The international world)	31
Unité 6	On écoute	39
Unité 7	On lit	44
Unité 8	On parle	45
Unité 9	On écrit	50
	Worksheets	**51**
	Answers to Worksheets	**99**

Introduction

GCSE French 2 is the second stage of a two-part course for GCSE French. Its aim is to equip students for success in GCSE French by explaining and practising the language they need to achieve a good grade. The course as a whole aims to:

- strengthen students' ability to understand and use the French language;
- increase their general knowledge via the texts they read and hear in French;
- develop their awareness of French-speaking people and places.

GCSE French 2 focuses very closely on the precise skills and language required for the GCSE exam papers, to help students to achieve the best possible results.

The structure of the Student's Book

The book has two main sections.

In the first section, units 1–5 cover the five main topic areas that are dealt with at GCSE:

Unité 1 La vie de tous les jours: Everyday activities
Unité 2 La famille, les amis, les loisirs: Personal/social life
Unité 3 Ma ville, ma région: The world around us
Unité 4 Il faut travailler! The world of work
Unité 5 Découvertes: voyages, médias, problèmes: The international world

Each unit consolidates students' language skills via a wide range of typical GCSE tasks. On almost every page there are practical **Tips**, providing:

- successful exam techniques;
- reminders of language points that are key to obtaining high marks.

Many of the Tips cross-refer to the worksheets in this Teacher's Resource Book (see pages 52–98 and notes below).

In the second section, units 6–9 provide a range of 'mock' or practice GCSE tasks in each of the four tested skills:

Unité 6 On écoute: listening
Unité 7 On lit: reading
Unité 8 On parle: speaking
Unité 9 On écrit: writing

For each listening and reading task, a total mark is indicated, followed by an indication of the mark that would represent achievement at Grade C level (Foundation tasks and Intermediate tasks) or at Grade A (Higher tasks), so both you and the students can monitor their level of achievement. All the tasks in this section are closely modelled on GCSE papers.

Section grammaire and rubric glossary

After unit 9 there is a grammar reference section, including a list of irregular verb forms.

At the very end of the book is a glossary of the French rubrics (instructions) used in the examination.

Differentiation

In the Student's Book

In units 1–5, the range of difficulty varies through the units, within the scope of the tasks set on GCSE papers.

In units 6–9, the differentiation is self-evident as exercises are modelled precisely on GCSE task types and are grouped accordingly as Foundation, Intermediate, or Higher exercises.

In the Teaching Notes

The Teaching Notes for units 1–5 include frequent **Differentiation opportunity** headings, each signalling an idea for **support** ↓ or **extension** ↑. The support could be in the form of ideas for:

- preliminary activities before tackling the material on the page;
- easier ways into a particular text;
- extra reference support that could be provided to lower attainers as they work on a task.

The extension could be in the form of ideas for:

- broadening a task into more productive work;
- increasing students' range in speaking or writing tasks;
- extending the range of opinions expressed;
- combining practice of a wider range of points within a task.

What's in the Teacher's Resource Book?

Matrices

These (on pages viii and ix) map the content of *GCSE French 2* onto the topic coverage in relation to the CCEA topic list and onto the grammar requirements of GCSE French.

Teaching Notes

As well as clear teaching guidance, the transcripts for listening and speaking tasks and answers for the material on the Student's Book pages, the Teaching Notes include the following regular features:
Differentiation opportunity: see above.
ICT activity and **ICT opportunity:** see below, the section on the ICT strand in *GCSE French 2*.
Worksheets
These are listed in detail on page 51. The photocopiable sheets, on pages 52–98, provide thorough, extra practice of the language areas – grammatical and lexical – that are central to French GCSE. Answers for the worksheet tasks follow on pages 100–110.

Introduction

The ICT strand in GCSE French 2

Building ICT into French teaching

As is made explicit in *The Use of Information and Communications Technology in Subject Teaching – Identification of Training Needs (TTA 1999)* there are three key principles which should underpin the use of ICT in Modern Languages. They are that:

- any decision about when, when not and how to use ICT should be based on whether the use of ICT supports good practice in the teaching of Modern Languages;
- decisions about the use of ICT should be linked directly to the learning objectives for the lesson, or series of lessons;
- ICT should either allow the teacher or student to achieve something which could not be achieved without the use of ICT, or allow the teacher to teach or the student to learn more effectively and efficiently than they could otherwise.

When planning for the use of ICT, therefore, the teacher should ask a series of questions:

- What are the linguistic objectives for the lesson?
- Will ICT help my students reach those objectives?
- Will I need to differentiate my objectives and the activity?
- What ICT skills must my students have to be able to benefit linguistically?
- What preparation do I need to do, e.g. in terms of identifying and book-marking websites?
- How do I need to prepare my students?

The Programme of Study for Modern Foreign Languages (QCA 1999) makes clear links to ICT. The table on page viii lists the statements from the Programme of Study and suggests ways in which ICT might be used to support language learning skills.

Statement from Programme of Study	Possible ICT activity – What students might be asked to do
2h . . . techniques for skimming and scanning written texts including those from ICT-based sources	• Search the internet or a CD-ROM for a specific purpose, e.g. selected texts on a range of holiday destinations • Use an online database
2j . . . how to redraft their writing to improve its accuracy and presentation, including the use of ICT Link to ICT/3b	• Use a word processor to enable redrafting to be done quickly and efficiently • Use multimedia software to support an oral presentation, e.g. integrating texts, images, tables and sound
4a . . . working with authentic materials in the target language, including some from ICT-based sources	• Use an online database, e.g. restaurant booking as a stimulus for oral work • Work on up-to-date materials, e.g newspaper articles downloaded by the teacher • Work on-line researching a specific topic • Work on the audio aspect of a satellite broadcast
5d . . . producing and responding to different types of written language, including texts produced using ICT Link to ICT/3b	• Use a range of software to create a piece of writing for a specific purpose, e.g. a presentation or magazine article
5e . . . using a range of resources, including ICT, for accessing and communicating information Link to ICT/3c	• Use e-mail, audio- and video-conferencing to correspond with native speakers on a particular topic • Create/contribute to a web page

In addition to the students' use, ICT has the potential to be a support to the teacher both in preparation and marking. ICT can:

- extend the range of authentic materials the teacher can access for all levels of language learner;
- allow the teacher to intervene at different stages of a student's writing to correct and make suggestions on style and content;
- allow the teacher to adapt a text to meet the needs of a range of students by, for example, offering increased support in gapped texts for lower-attaining students or by highlighting key words in a reading text for those students who find longer texts too 'dense'.

Hardware

It is particularly helpful when presenting material on-line if the teacher either has access to a data (LCD) projector or to an interactive whiteboard. These make it easier to model an activity to a whole class or to show exactly how to access a site.

ICT opportunities and activities in GCSE French 2

ICT opportunities These are suggestions of how ICT might be used to support or extend the work of the unit. These mostly take the form of suggestions for using the Internet. For these opportunities to lead to effective learning, students need to be given guidance on search strategies so that they are, in effect, 'asking the right questions'. Alternatively,

Introduction

students might be directed towards yahoo.fr which has clearly defined categories as a basis for a search.

ICT activities These are more detailed and include:

- **learning objectives**;
- **detailed guidance** on how to prepare for and carry out the activity;
- **differentiated tasks** where practical and appropriate.

Both the opportunities and the more detailed activities are integral to the work of the unit.

Where a suitable website is available the URL of that website has been identified. As the Internet is a dynamic medium it is not possible to guarantee that the website will still be there when visited a month or two later. It is crucial, therefore, that each suggested website is visited by the teacher and evaluated for its usefulness at the time they want their students to use it.

Two good starting points, however, for guidance on the use of ICT in Modern Languages teaching are:

- the Virtual Teachers' Centre: http://vtc.ngfl.gov.uk/resource/cits/mfl/index.html (home page for MFL);
- and Lingu@net at which you can find a directory of websites:

Matrix of CCEA topic coverage

GCSE French 2 Units 1–5	CCEA topics
1 La vie de tous les jours (Everyday activities)	
Home life	1b
School life	1d
Eating and drinking	1e
Health, exercise	1e
2 La famille, les amis, les loisirs (Personal/social life)	
Self, family, friends, relationships	1a
Leisure, social activities, sports, hobbies	1c
Shopping, fashion	3d
3 Ma ville, ma région (The world around us)	
Your local area: town, countryside, seaside	2b
Public services	3c
The environment	2c
The weather	2a
Directions, finding the way	3a
Transport	3a
4 Il faut travailler! (The world of work)	
Continuing education	4b
Career plans, different types of work	4c
Work experience, part-time work, finding a job	4a
5 Découvertes: voyages, médias, problèmes (The international world)	
Holidays: things to see and do	3e
Accommodation on holiday	3b
Media	–
Crime, drugs, social issues	–

Matrix of GCSE grammar practice

The listings in this matrix refer to units in which there is practice of the key grammar point listed. The practice within the units is also supported by the Worksheets (see the list on page 51 of this book).

Grammar point	Practice in *GCSE French 2*
Nouns:	
gender	Unit 4 (all units)
singular and plural forms	all units
Articles:	
definite, indefinite and partitive	all units
Adjectives:	
agreement	all units
position	Unit 2 (all units)
comparative and superlative: regular	Unit 5
possessive	Unit 3
interrogative (*quel, quelle*)	Unit 3, Unit 4, Unit 5
Adverbs:	
comparative and superlative: regular	Unit 5
interrogative (*comment, quand*)	all units
adverbs of time and place	Unit 1, Unit 2 (all units)
common adverbial phrases	all units
Quantifiers/Intensifiers	all units
Pronouns:	
personal: all subject, including *on*	all units
reflexive	Unit 1, (all units)
object: direct and indirect	Unit 5
position and order of object pronouns	Unit 5
interrogative (*qui, que*)	Unit 3, Unit 4
Verbs:	
regular and irregular forms of verbs	all units
reflexive verbs	all units
negative forms	Unit 5, (all units)
interrogative forms	Unit 3, Unit 5
modes of address: *tu, vous*	all units
impersonal verbs (*il faut*)	Unit 5
verbs followed by an infinitive	Unit 2, Unit 3, Unit 4, Unit 5
present tense	all units
perfect tense	all units
imperfect tense	Unit 2, Unit 3, Unit 4, Unit 5
immediate future	Unit 2, Unit 5
future	Unit 4, Unit 5
conditional	Unit 2, Unit 4, Unit 5
present participle, including use after *en*	Unit 3
Prepositions	Unit 3, Unit 4
Number, quantity, dates and time	all units

unité 1
La vie de tous les jours

Grammar focus in this unit
- numbers, dates, times
- *prendre*
- spelling/alphabet in French
- expressing likes and dislikes, preferences
- adverbs and time expressions
- reflexives
- perfect tense
- *après avoir, après être*

Topics covered in this unit
- home life
- school life
- eating and drinking
- healthy living, exercise
- accidents and ailments

The tasks in the first five units concentrate on practising the most important grammar points and topics for the GCSE exam. With the aim of making the work more motivating than a series of isolated exercises, the work is placed, where appropriate, in the loose context of the lives of two groups of French friends. There is, however, no dominant storyline as such – only enough of a context to give the work a purposeful dimension.

In this unit the context is a few days in the life of Paul, a 16-year-old from Blois in Loir-et-Cher. His routine and his conversations with friends provide the setting for most of the receptive exercises in the unit.

Unité 1 Page 1

1 [CD1 track 2]

This section starts with a task practising numbers. You may want to revise these with students before they attempt the task. In particular you could focus their attention on those numbers which are often confused by learners, such as *deux* and *douze*, mentioned in the **Tip**.

Worksheet 1 practises numbers in French.

Transcript

1 **Marchande au marché:** Vous voulez un demi-kilo de raisin? Voilà. Un euro 50.
2 **Marchande au marché:** Un kilo de pommes? Voilà. Voilà, monsieur, 1 euro 80, s'il vous plaît.
3 **Marchande au marché:** Vous voulez une pêche? Trente cents la pièce, monsieur.
4 **Paul:** Je voudrais des cerises, s'il vous plaît. Elles coûtent combien?
   Marchande au marché: Trois euros 40 le kilo, monsieur.
   Paul: Merci, madame.
5 **Marchande au marché:** Et un kilo de bananes, monsieur? Voilà. Un euro 60, s'il vous plaît.
6 **Marchande au marché:** Vous voulez trois citrons? Voilà. Vingt cents la pièce.
7 **Marchande au marché:** Huit oranges? Voilà. Deux euros 50, s'il vous plaît.

Solution
1 1,5 €
2 1,8 €
3 0,3 €
4 3,4 €
5 1,6 €
6 0,2 €
7 2,5 €

ICT activity

Learning objective
- to reinforce the use and understanding of numbers.

1 Using text manipulation software or a word processor, the teacher creates a file on numbers, either:
   a a series of jumbled number words; or
   b a matching activity: numbers in word form on one side of a table and in numerical form on the other.
2 Students either:
   a unjumble the words to give their correct forms and practise spelling; or
   b match the word and numerical forms of each number, to practise comprehension.

Unité 1 Page 2

2 [CD1 track 3]

Although some awarding bodies offer candidates a choice when they are faced with tasks such as this, you could ask your students to attempt the role-play several times, making a different choice each time.

A common error when asking prices is to say *Combien de . . . ?* You may want to practise the correct phrase with students to make sure they don't make this mistake.

The **Tip** gives a pronunciation reminder about *voudrais*.

Worksheet 2 practises useful phrases for use in role-plays.

Transcript

1
- Bonjour, vous désirez?
- Vous en voulez combien?
- Voilà.
- Ça fait un euro 50, s'il vous plaît.

2
- Bonjour, vous désirez?

© John Murray   Teacher's Resource Book 2   1

unité 1 La vie de tous les jours

- Je regrette, je n'ai pas de raisin. J'ai des oranges, des pommes, des ananas, des bananes . . .
- Vous en voulez combien?
- C'est tout?
- Voilà.

3

As indicated in the **Tip**, your marking of this task may be tolerant of some inaccurate spellings, but should not really allow spellings in English or any other language (unless, of course, the words are cognates). The **Tip** also reminds students of the importance of listing exactly the category of items that is requested: don't give marks for items listed which are not foods, or which are clearly in the wrong list.

Unité 1 Page 3

4

You could revise words and phrases related to 'eating out' before your students attempt the next two tasks.

Solution

1 yes
2 no
3 a play area
4 a drive-through service

5  [CD1 track 4]

Allow students to listen to the recording as many times as they need to.

The **Tip** reminds students about the use of *prendre* for choice of food/drink.

Transcript

Sophie: Alors, Muriel, qu'est-ce que tu prends comme hors-d'œuvre?
Muriel: Oh, je sais pas . . . la salade de tomates, peut-être, ou les sardines? Non, non, les tomates, la salade de tomates. Et toi, Sophie?
Sophie: La soupe, je crois. C'est quelle sorte de soupe, monsieur?
Garçon: Soupe à l'oignon, mademoiselle.
Sophie: Ah non, non, non! Je prends le pâté.
Garçon: Et comme plat principal?
Sophie: Le steak-frites avec les haricots verts.
Garçon: Je regrette, les haricots, c'est fini. Nous n'en avons plus. Nous avons des petits pois, des champignons, des . . .
Sophie: Des petits pois, s'il vous plaît.
Muriel: Moi, je prends le poulet avec la purée de pommes.
Garçon: Très bien.
[later]
Garçon: Vous voulez un dessert?
Sophie: Hmm, moi, je voudrais une glace. Vous avez quels parfums?
Garçon: Euh, fraise, vanille, fruit de la passion, framboise, mangue, noix de coco . . .
Sophie: Fruit de la passion, s'il vous plaît.
Muriel: Et pour moi, une glace à la fraise.
Garçon: Très bien, mademoiselle.

Solution

1 une salade de tomates
2 la soupe à l'oignon
3 le steak-frites, des petits pois
4 le poulet
5 une glace

Unité 1 Page 4

6 [CD1 track 5]

Knowledge of the alphabet is a key area which is often overlooked by students as they prepare for examinations. This task and the **Tip** encourage students to focus on some of the letters which are most often confused, e.g. A, E, G, I, J, K, R.

Transcript

1 Je m'appelle Monsieur Leclerc: L - E - C - L - E - R - C.
2 Mon nom, c'est Lemarre: L - E - M - A - R - R - E.
3 Je suis Madame Pierre: P - I - E - R - R - E.
4 Mon nom de famille, c'est Thimbaut: T - H - I - M - B - A - U - T.
5 Moi, je m'appelle Monsieur Vierny: V - I - E - R - N - Y.
6 Mon nom, c'est Grigny. Ça s'écrit G - R - I - G - N - Y.

Solution

1 a; 2 a; 3 c; 4 b; 5 b; 6 a

7 [CD1 track 6]

This task allows students to practise listening to long numbers spoken at speed. The **Tip** suggests that they may want to listen to the first three pairs of digits on the first listening and the second two pairs on the second.

Worksheet 7 practises numbers in French.

↓ *Differentiation opportunity*

With some students, it may be appropriate to allow a third or even a fourth listening in order to build their confidence.

Transcript

1 Mon numéro de téléphone, c'est le 03.22.02.55.45.
2 Vous voulez mon numéro de téléphone? Alors, 05.65.56.70.75. Voilà.
3 Mon numéro de téléphone, euh, euh, c'est, euh, c'est le 01.30.40.84.24.
4 Oui, j'ai un numéro de téléphone. C'est le 03.23.30.14.44.
5 Euh, euh, c'est 02.97.99.78.72. Voilà.
6 Mon numéro de téléphone? Ah oui, pas de problème, c'est le 02.48.14.40.48.

Solution

1 a; 2 b; 3 b; 4 c; 5 c; 6 a

8 [CD1 track 7]

Another alphabet task, this time requiring the letters to be recognised at greater speed. For this task, remind your students to listen out for letters with accents.

Transcript

1 Et vous habitez où, s'il vous plaît?
  J'habite un petit village qui s'appelle Ambert: A - M - B - E - R - T.
2 J'habite un petit village qui s'appelle Chevigny: C - H - E - V - I - G - N - Y.
3 Moi, j'habite à Charron dans l'ouest de la France. Ça s'écrit C - H - A - R - R - O - N.
4 Moi, j'habite un village pas loin de La Rochelle. Le village s'appelle Angoulins: A - N - G - O - U - L - I - N - S.
5 J'habite Montpellier dans le sud de la France: M - O - N - T - P - E - L - L - I - E - R.
6 Ma ville s'appelle Tassigny: T - A - S - S - I - G - N - Y.
7 Moi, j'habite Pérols. Ça s'écrit P - E accent aigu - R - O - L - S, voilà.

Solution

1 AMBERT
2 CHEVIGNY
3 CHARRON
4 ANGOULINS
5 MONTPELLIER
6 TASSIGNY
7 PÉROLS

Unité 1 Page 5

9

You could revise food and drink vocabulary with students before asking them to attempt this task.
Worksheet 3 practises this vocabulary.

Solution

1 c; **2** a; **3** h; **4** f; **5** e; **6** k; **7** j

ICT activity

Learning objectives

- to reinforce language to use in restaurants;
- to use search strategies for an effective search on the Internet;
- to understand details using context and other clues.

1 The teacher provides students with a context for the search: the aim is to find a suitable menu/menus for a group, with parameters given by the teacher – e.g. a child under 8, a non-meat eater and an upper price limit.
2 Using yahoo.fr and the key word 'restaurant', students search for a restaurant in Blois (Loir-et-Cher).
3 Students save or print selected menu.

Unité 1 Page 6

10 [CD1 track 8]

You may find it useful, as suggested in the **Tip**, to revise the months of the year with students before they attempt this task. **Worksheet 4** will help you do this. As in the previous task, they should be ready for a fairly rapid speed of delivery.

Transcript

Djamal: Mon anniversaire? C'est aujourd'hui! – le 10 mai.
Paul: Mon anniversaire, c'est le 4 juin, le 4 juin.
Muriel: Ma date de naissance, c'est le 2 juillet, le 2 juillet.
Sophie: Je suis née le 16 mars, le 16 mars.
Patrick: Mon anniversaire, c'est le 17 février, oui le 17 février, c'est ça.
Anne-Laure: Moi, je suis née le 15 avril, le 15 avril.
M. Leman: Mon anniversaire, c'est le 9 novembre. Le 9 novembre, voilà.

Solution

Djamal   10 mai
Paul   4 juin
Muriel   2 juillet
Sophie   16 mars
Patrick   17 février
Anne-Laure   15 avril
M. Leman   9 novembre

11

Be tolerant of minor spelling mistakes as you mark this task, but discourage your students from writing brand names such as 'Mars Bar' or 'Snickers' – some awarding bodies do not allow these in tasks of this kind (see the **Tip**).

12

You should perhaps specify a word limit for this task, according to the ability level of your students and the demands of your own awarding body. You may find it useful to prepare the task orally with students before they attempt it in writing.
You should use the marking criteria of your own awarding body for this task.

↓ Differentiation opportunity

Worksheet 5 provides support for this task, especially useful for lower attainers.

unité 1 **La vie de tous les jours**

Unité 1 Page 7

13 💬

As students attempt to give their accounts, prompt them and encourage them to keep the account moving – but don't let them remain silent while you do all the work!

Worksheet 6 practises the perfect tense.
Worksheet 7 practises using *après avoir* and *après être*.

↓ *Differentiation opportunity*

You could give students key phrases to use as they attempt this task, for example, key verbs in the perfect tense, phrases incorporating *après avoir* . . . or *après être* . . . (see the **Tip**) or other phrases linked by conjunctions.

Unité 1 Page 8

14 📖

You may decide to revise common interrogatives before students attempt this task. The formation and understanding of questions create difficulties for many GCSE candidates and time spent on this area can be well rewarded.

Solution
1 c; **2** e; **3** d; **4** b; **5** a

15 💬

The **Tip** reminds students of ways to vary their language when talking positively about something: encourage students to do this to the best of their ability.

↑ *Differentiation opportunity*

Some may want to expand their answers, which could be used as the basis for a 'presentation' for the speaking examination.
Worksheet 8 practises vocabulary for talking about sports and other activities.

Unité 1 Page 9

16 📖

Solution
1 He was not especially interested/thought it was boring.
2 He was looking for excitement ('*sensations fortes*').
3 White-water rafting.
4 To take part in a competition.
5 She loves all sports.
6 Three times a week.
7 They have ice rinks.
8 A female ice hockey team.

Unité 1 Page 10

17 🎧 [CD1 track 9]

Allow students to listen to the recording as many times as they need to. As always with this type of activity, they should read the questions before they hear the recording, so that they gain as much information as possible about the passage before they actually hear it.

↓ *Differentiation opportunity*

The **Tip** encourages students to use 'informed guesswork' when they hear phrases such as *la quantité de micronutriments absorbés par le corps* or *les produits végétaux*. However, you may want to pick out other words and phrases which can be easily guessed because of their similarity to English, so that this passage becomes less daunting than it may at first seem. You could also ask students to work out what *aliments* are from their knowledge of the word *alimentation* (they may also know the term 'alimentary canal' if they are studying biology).

Transcript
L'aiguille de nos balances le prouve: nous mangeons trop. Trop de sucre et trop de matière grasse. En une cinquantaine d'années les habitudes ont considérablement changées. Certains aliments traditionnels ont cédé la place à des aliments transformés et plus faciles à cuisiner. Et le résultat? La quantité de micronutriments absorbés par le corps, c'est-à-dire les vitamines, les fibres, etc., cette quantité a beaucoup diminué. Mais ces micronutriments sont essentiels, car notre corps ne sait pas du tout les fabriquer.
    Un autre problème, c'est que notre alimentation nous apporte trop de «calories vides». Elles sont riches en énergie mais pauvres en micronutriments. Alors la bonne tactique? Miser sur les produits végétaux. On compte 25 calories pour 100 grammes de légumes et 50 calories pour 100 grammes de fruits avec une quantité optimale de micronutriments. Dans les tomates, par exemple, nous avons découvert des substances super-protectrices du système digestif et dans les oranges, les pêches, les grains de soja, les poivrons, les mangues et certains légumes on a trouvé des substances qui protègent le système immunitaire et aussi les yeux et le cœur.

Solution
1 We eat too much sugar; and too much fat.
2 50 years
3 Processed food; it is easier to cook.
4 The body cannot make/create them.
5 **a** 25
   b 50
6 The digestive system.
7 Any 3 of: oranges, peaches, soya (beans), some vegetables.

unité 1 **La vie de tous les jours**

ICT activity

Learning objectives

- to reinforce the language of food and healthy eating;
- to use search strategies for an effective search on the Internet;
- to understand details using context and other clues;
- to word-process or desk-top publish a menu for a meal.

1 Preparation – the teacher examines the material on the proposed website – www.vegetarisme.org
2 The teacher sets the scene – planning a meal for vegetarian friends.
3 If available, use a computer and a large screen or an interactive whiteboard to show the class the 'way round' the site.
4 Students research and find recipes they like the sound of and which include some of the healthy foods in M. Brodet's article.
5 Students then word-process or desk-top publish a menu for a three-course meal.
↑6 Higher-attaining students could be asked to justify their choices: *J'ai choisi . . . , parce que . . .*

Students should be encouraged to note the new vocabulary they learn.
↓ You could give lower-attaining students a vocabulary help sheet to support their research.

Unité 1 Page 11

18

The **Tip** reminds students not to mix up certain words, i.e. *courses/courses à moto, rester, travailler, argent*. You may want to go over these and discuss their meanings with students before they attempt the task.
Worksheet 9 practises recognising *faux amis*.

Solution

1 est
2 des achats
3 mangé
4 minuit
5 le lendemain
6 envie

ICT activity

Que fait votre famille le week-end?

Learning objectives

- to reinforce the use of familiar verbs in the present tense;
- to present personal information to other members of the class using presentational software (e.g. PowerPoint).

1 Students gather information about each member of their family and what they do at the weekend.
2 Using PowerPoint they create a presentation on each member of their family, incorporating scanned or digitised images if possible.

↓ The writing of lower attainers could be supported by tables to be completed or by a model to be adapted.
↑ The higher attainers should be encouraged to write in note form so that they 'talk to the presentation'.

19

You may want to prepare this task orally before students attempt it in writing. Set a word limit appropriate to your students' ability or the demands of your awarding body.
Worksheet 10 practises useful phrases for letter-writing.
Worksheet 11 practises phrases for talking about the weekend which may be particularly useful for lower attainers.

Unité 1 Page 12

20

To write an account based on the series of pictures, students could use the third person (for Muriel) or they could, as instructed in the Student's Book, imagine that they are Muriel and use the first person. They should, however, use past tenses, and you may want to go over these orally before students attempt the task. Encourage them to add details of their own and to be as imaginative as they wish. The **Tip** encourages them to use *en train de* + infinitive.

21

Students give an oral account of a day on which they were ill. They could use the words and pictures in exercise 20 as a guide – or you may prefer them to give their own ideas. You may want to prompt them in order to keep the account moving, but encourage students as far as possible to 'keep going' and not to rely on prompts from you.
Worksheet 12 practises reflexive verbs such as *se lever, se sentir mal*.
Worksheet 13 practises language describing injuries and ailments.

Unité 1 Page 13

22 [CD1 track 10]

For this task students need to know the days of the week and the names of school subjects.
Worksheet 4 practises language for days, dates and times.

© John Murray **Teacher's Resource Book 2**

unité 1 La vie de tous les jours

Transcript

Paul: Bah, le lundi, je déteste ça! C'est le jour le plus barbant de la semaine, n'est-ce pas, Patrick?

Patrick: Oui, t'as raison. Mon jour préféré, c'est le mardi. J'ai deux cours de maths et j'adore ça. Le premier cours, c'est géographie, puis après, maths. Après la récréation, j'ai encore maths et un cours d'allemand. L'après-midi, j'ai un cours de musique. Je n'aime pas tellement la musique parce que le prof est un imbécile, mais bof, ça va. Puis j'ai anglais – c'est ma matière préférée. Le dernier cours, c'est histoire. C'est bien, l'histoire. Mais je sais, Djamal, tu détestes l'histoire.

Djamal: Oui, moi, je préfère le jeudi. J'ai un cours de français – j'aime ça – et puis j'ai maths. Puis la récréation et après la récré j'ai, euh, j'ai physique, et puis chimie. J'adore les sciences et je veux devenir médecin. Après la pause-déjeuner, j'ai sport, c'est-à-dire deux cours de sport. Le dernier cours, c'est anglais. J'aime les langues aussi – c'est très important à mon avis.

Solution

Patrick

jour	1	2	3	4	5	6	7
mardi	géographie	maths	maths	allemand	musique	anglais	histoire

Djamal

jour	1	2	3	4	5	6	7
jeudi	français	maths	physique	chimie	sport	sport	anglais

23 [CD1 track 11]

In this role-play task, students have the instruction 'Reply to the question' and must be prepared to give an on-the-spot response. Encourage them, however, to try to predict what the question might be in the context and to be prepared for any eventuality. Also remind them, as in the **Tip**, not to be afraid to ask for the question to be repeated if they feel unsure about what is being said.

Transcript
- Quelle est ta matière préférée?
- Pourquoi?
- Tu apprends cette matière depuis combien de temps?
- Qu'est-ce que tu espères faire l'année prochaine?
- Quel métier as-tu choisi?

Unité 1 Page 14

24 [CD1 track 12]

You should point out that some awarding bodies do not allow times written with 'a.m.' or 'p.m.' when the instructions are to write in French (see the **Tip**).

↓ *Differentiation opportunity*

You may want to allow students to hear this passage more than twice if this helps build their confidence. Students listen to the recording and note down the required details.

Worksheet 4 gives practice in dates and times.

Transcript

Alors, écoutez bien, s'il vous plaît. Demain, c'est la visite au zoo. On va partir à huit heures et quart, alors il faut être ici, ici devant l'école à huit heures. À huit heures on va se retrouver ici. Le car partira à huit heures et quart – huit heures et quart, pas huit heures et demie, Jean-Paul!

On espère arriver au zoo vers neuf heures et demie et vous avez trois heures au zoo. On va manger dans le restaurant à midi et demie, c'est-à-dire à douze heures trente.

unité 1 La vie de tous les jours

À quatorze heures quinze, nous avons la visite guidée du château – quatorze heures quinze; et à trois heures et demie vous avez un peu de temps de libre pour faire du shopping, acheter des souvenirs, et tout ça – trois heures et demie.

À cinq heures de l'après-midi on va retourner à l'école – cinq heures, vous avez compris? On espère arriver à l'école vers six heures et quart – dix-huit heures quinze.

Solution

1 8.00
2 8.15
3 9.30
4 12.30
5 14.15/2.15
6 15.30/3.30
7 17.00/5.00
8 18.15/6.15

ICT activity

This exploits the listening work in exercise 24.

Learning objectives

- to listen for gist and detail;
- to reinforce the understanding of telling the time;
- to edit text for factual inaccuracies.

1 Preparation – in a word-processing package, the teacher writes a series of sentences based on the listening text, some of which are factually correct, and some of which are false. These should not be sequential.
2 Students use their notes/answers to the listening activity to rewrite those sentences which are factually incorrect.
3 They then reorder the sentences in the correct time sequence.

25 [CD1 track 13]

This task focuses on ailments and parts of the body. **Worksheet 13** practises vocabulary for this area.

Transcript

Muriel: Oh, docteur, docteur, j'ai mal à la tête, et je suis très, très fatiguée.
Oh oui et j'ai mal aux dents, vraiment. Et en plus, j'ai très mal à la gorge.
Et encore une chose, j'ai mal à l'estomac.

Solution
3, 7, 1, 8

Unité 1 Page 15

26 [CD1 track 14]

Students should be encouraged to listen out for the specific details required (the times) and not to worry if they do not understand absolutely every word.

See also the **Tip** for exercise 24 about the use of 'a.m.' and 'p.m.'

Transcript

Paul: À quelle heure est-ce que tu te couches, Sophie?
Sophie: En semaine, je me couche à dix heures mais le week-end, je me couche à onze heures et demie. En semaine, je me lève à sept heures normalement. Et toi, Djamal? À quelle heure est-ce que tu te couches?
Djamal: Euh, en semaine vers dix heures et demie mais le week-end, je me couche à minuit. En semaine, je me lève à six heures et demie. Et toi, Anne-Laure? Tu te lèves aussi de bonne heure, n'est-ce pas?
Anne-Laure: Je me lève chaque jour à six heures.
Paul: En semaine et le week-end?
Anne-Laure: Mais oui, bien sûr, et je me couche à neuf heures et demie tous les soirs.
Paul: Et toi, Patrick? À quelle heure tu te couches?
Patrick: Le week-end et pendant les vacances, je me couche vers minuit et demie. En semaine vers onze heures. Le matin je prends le train à sept heures et demie. Alors je me lève à sept heures moins le quart.

Solution

Nom	Se couche en semaine à	Se couche le week-end à	Se lève à
Sophie	10.00	11.30	7.00
Djamal	10.30	12.00	6.30
Anne-Laure	9.30	9.30	6.00
Patrick	11.00	12.30	6.45

27 [CD1 track 15]

In this task, students are required to give answers in French. Whilst the quality of their French is not the prime concern in a task such as this, the **Tip** reminds them not to lose marks by making careless mistakes, such as answering question 2 with *son grand-père*. You may want to point out other potential pitfalls before they attempt the task.

Transcript

Sophie: Allô? C'est Sophie. J'ai un message pour Paul. J'ai une idée fantastique pour ton projet sur la nourriture pendant la guerre. Écoute, mon grand-père en sait beaucoup sur la deuxième guerre mondiale et il fait collection de toutes sortes de choses, par exemple, tu cherchais deux ou trois vieilles photos, ben, il en a beaucoup d'exemplaires, alors dis-moi ce que tu veux exactement. Je lui ai déjà demandé de vieilles photos de magasins. Tu veux d'autres images? Tu cherches des choses particulières? Tu as mon numéro de téléphone. Donne-moi un coup de fil et dis-moi tous les détails. À bientôt.

Solution

1 La nourriture pendant la guerre
2 Le grand-père de Sophie
3 De vieilles photos de magasins
4 a Tu veux d'autres images?
   b Tu cherches des choses particulières?
5 (de) téléphoner

© John Murray   **Teacher's Resource Book 2**

unité 1 **La vie de tous les jours**

Unité 1 Page 16

28

Before students attempt this task you could revise vocabulary for household tasks, and for talking about how often they do things, such as *régulièrement, de temps en temps, tous les jours, tous les samedis*, etc. – as suggested in the **Tip**.

Worksheet 14 practises those adverbial phrases.

Solution
1 g; **2** e; **3** d; **4** h; **5** c; **6** a; **7** i

29 [CD1 track 16]

Students listen to the recording and correct the words in bold in the six statements.

↓ *Differentiation opportunity*

With lower-attaining students, you may want to ask them to correct the statements in English before they attempt to do so in French.

Transcript

Malika: Ah, ça alors! C'est toujours moi qui travaille à la maison. Djamal, tu ne fais rien! Moi, je fais chaque jour mon lit, je lave la vaisselle après le petit déjeuner et après le déjeuner aussi. Je range régulièrement ma chambre. Je fais le repassage tous les samedis.

Djamal: Le repassage?! C'est pas vrai! Quand est-ce que tu as fait le repassage?

Malika: Samedi dernier. J'ai repassé mon pantalon. Toi, tu ne fais rien. Tu es paresseux!

Djamal: Pas du tout! Moi, je fais mon lit – hier, par exemple.

Malika: Pff!

Djamal: Et je fais la vaisselle.

Malika: Qu'est-ce que tu dis??

Djamal: J'ai fait la vaisselle samedi. En plus, je travaille dans le jardin. Je tonds la pelouse. Tu oublies que moi, je cultive les légumes – des choux, des carottes, des brocolis!

Malika: Toi?! Tu cultives les légumes?! Oh, ça me fait rire! C'est maman qui les cultive – c'est elle qui s'occupe du jardin. Elle arrache les mauvaises herbes. Et en tout cas, c'est moi qui fais régulièrement la cuisine. Toi, les garçons, oh, c'est typique, ty-pi-que! Tu fais presque rien pour aider à la maison!

Solution
1 deux
2 range
3 paresseux
4 cultive
5 Malika/elle
6 rien

Unité 1 Page 17

30

This task primarily practises vocabulary but you may want to use it to allow students to practise different ways of asking for things, e.g. *Je voudrais ... Avez-vous ... ? Est-ce que vous avez ... ? Je n'ai pas de ... J'ai besoin de ...*

Some students may need to be reminded not to pronounce the 's' in *Je voudrais*.

unité 2
La famille, les amis, les loisirs

Grammar focus in this unit
- adjective agreement
- colours
- *aimer* + infinitive
- adverbs of frequency and quantity
- numbers, times, sizes
- expressions of opinion
- perfect tense
- future with *aller* + infinitive
- *avant de* + infinitive

Topics covered in this unit
- self, family, friends
- meeting new people, relationships
- leisure, social activities, sports, hobbies
- shopping, fashion

In this unit the context is a group of people of various ages: Paul's friend André (whom he e-mailed in unit 1) and his neighbours in rue Maréchal Foch, Vendôme. Their interests and conversations form the setting for many of the tasks in this unit.

Unité 2 Page 18

1

Solution

Abdul	d	Olivier	e
Monique	a	Christine	j
Sylvie	h	M. Vierny	k
Daniel	k		

Unité 2 Page 19

2 [CD1 track 17]

1 Students listen to the recording and note down the letter which matches each of the speakers' families.
2 As they listen again, students note down one more detail for each speaker.

Transcript

André: J'ai deux frères. Mon frère aîné a 21 ans. Il est très grand. Il travaille pour la police.
Abdul: Moi, j'ai une sœur et deux petits frères. Ma sœur a douze ans. Mes frères sont des jumeaux – ils sont méchants. Ils m'énervent.
Monique: Moi, j'ai une sœur et un frère. Mon frère porte des lunettes. Il est très intelligent et il aime aussi le sport.
Sylvie: Mon frère est très sportif. Mes deux sœurs n'habitent pas chez nous. Elles sont plus âgées que moi. Elles sont mariées. Elles ont des enfants aussi.
Daniel: Mon frère aîné est fumeur – ça, c'est bête à mon avis. Ma sœur a quinze ans. Et j'ai aussi un demi-frère, qui a trois ans.

Solution

1 André b; Abdul c; Monique a; Sylvie e; Daniel d
2 Any one of the other details given by each speaker (see transcript).

Unité 2 Page 20

3 [CD1 track 18]

1 Students may find it helpful to revise the vocabulary for domestic animals before they attempt this task.
2 As they listen again they should give one more detail for each of the animals described.

Worksheet 15 practises descriptive words and adjective endings and **Worksheets 16** and **17** practise language related to family members and pets. Students could usefully work through these before they attempt part 2 of this exercise or exercise 4.

Transcript

Interviewer: Tu as un animal, Sylvie?
Sylvie: J'ai un vieux chien. Il s'appelle Micky.
Interviewer: Tu as un animal, André?
André: J'ai un chat noir. Il s'appelle Frédéric.
Interviewer: Et toi, Daniel? Tu as un animal?
Daniel: Oui, j'ai un gros lapin. Il est brun.
Interviewer: Tu as un animal, Monique?
Monique: J'ai une souris noire et blanche. Elle s'appelle Sammy.
Interviewer: Et toi, Olivier? Tu as un animal?
Olivier: Oui, j'ai un hamster ennuyeux. Il dort toute la journée. J'ai aussi un poisson rouge mais il est un peu stupide.
Interviewer: Tu as un animal, Abdul?
Abdul: Oui, j'ai un animal exotique. J'ai un serpent. Il a trois ans.
Interviewer: Tu as un animal, Christine?
Christine: Chez nous, nous avons un perroquet vert. Il s'appelle «Mister Smith» parce qu'il parle anglais.

unité 2   La famille, les amis, les loisirs

Solution
1 Sylvie c; André d; Daniel h; Monique g; Olivier i; Abdul e; Christine a
2 Any one of the other details given by each speaker (see transcript).

4

Encourage students to use the correct endings on their adjectives and to be imaginative in their use of vocabulary.

You could set a word limit according to the ability of your students or the demands of your awarding body.

5

Students may want to talk about a person or an animal. They should use the prompts which are given in the Student's Book.

You may want to prompt students as they speak in order to keep their presentations moving, but remind them that when these presentations are recorded there should be much more of them on the tape than you.

Worksheets 16 and **17** practise language for describing family members and pets.

Unité 2 Page 21

6 [CD1 track 19]

Transcript
M. Joubert: Où vas-tu, André?
André: Je vais en ville. Je vais à la librairie pour acheter un livre et je vais chercher un cadeau pour Djamal. C'était son anniversaire samedi dernier.
M. Joubert: Ah, André, tu vas en ville? Bon, va à la poste et achète des timbres. Merci. Et mets cette lettre à la poste, s'il te plaît. Tu est très gentil.
André: Oui, oui papa.
Mme Joubert: Tu vas en ville, André? Ah, est-ce que tu peux aller au marché pour acheter des pommes? Et nous avons besoin de pain ... et de beurre. Merci. Tu es vraiment gentil!
André: Bon, d'accord, mais ...
Olivier: Est-ce que tu peux m'acheter ma revue de jeux, André? Voilà l'argent. Tu es un bon frère, vraiment!
André: Bof ...!
Grand-mère: André? Tu vas en ville? Ah, bon. Va à la pharmacie. J'ai besoin de comprimés pour la gorge. Ah, merci, André, merci.
André: Alors, je vais à la poste, j'achète des timbres, je mets la lettre à la poste, je vais au marché, j'achète des pommes. Je vais à la boulangerie ...

Solution
Mentioned: 4, 2, 9, 5

↑ Differentiation opportunity

As an extension to this activity, you may want to ask students to list the other items which André is going to buy but which are not pictured on the page: *livre, cadeau, pommes, beurre*

7

This post office role-play has an accompanying **Tip** to help pronunciation. All the prompts can be introduced by the same question: such as *Bonjour, je peux vous aider?*

Unité 2 Page 22

8 [CD1 track 20]

Make sure students make their own quick copy of the table to fill in, rather than writing in the Student's Book.

Transcript
Daniel: Ah André, te voilà enfin, où es-tu allé?
André: Bon, j'ai dit à la famille que j'allais en ville et voilà – j'ai dû faire toutes les courses, pour maman des fruits, pour papa des timbres, aller à la poste, quoi. J'en ai marre de mon père en ce moment – il me demande tout le temps de faire quelque chose!
Daniel: Tu parles! Moi, mon petit frère m'énerve tout le temps. Il pose trop de questions. «Daniel, pourquoi l'herbe est-elle verte?» «Daniel, as-tu jamais mangé un ver?» Pff! C'est énervant!
André: Tu t'entends bien avec ta famille, Monique?
Monique: En général oui, mais quelquefois mon père est très embêtant. Il se met en colère quand je suis au téléphone. Il ne comprend pas du tout qu'il est important de parler avec mes amis. C'est la même chose pour toi, Sylvie?
Sylvie: Non, je ne trouve pas – chez nous, c'est mon oncle qui m'énerve. Quand un ami me rend visite, il fait des bêtises. Il raconte des histoires: «Quand tu étais bébé ... » Ouf, je ne supporte pas ça!
André: Tu t'entends bien avec ta famille, Abdul?
Abdul: Ah, ma grand-mère, elle parle trop haut. On était dans un restaurant l'autre jour. Tout le monde nous a regardé à cause de ma grand-mère: «Hmm, le bœuf n'est pas bien cuit.» «Je n'aime pas les petits pois ... » Oh là là!
Olivier: Chez moi, c'est ma mère. Elle est vraiment gênante. Quand nous sommes en ville, elle me prend la main pour traverser la rue, et moi, j'ai neuf ans!
André: Neuf ans, Olivier!
Monique: Tu es un grand ado!!

Solution

Nom	Mentionne qui?	Le problème?
André	2, 3	h
Daniel	4	d
Monique	2	i
Sylvie	7	f
Abdul	6	c
Olivier	3	a

Unité 2 Page 23

9

As students reply to the e-mail, you may want to remind them to make sure they answer every question (there are six) in order to be sure of a good 'content' mark.

Worksheet 17 practises language to describe pets.
Worksheet 37 practises adjective agreement and irregular endings.

↓ Differentiation opportunity

Worksheet 16 includes a gapped text which you may want to use to provide support for lower-ability students.

ICT activity

Learning objectives
- to provide additional practice on questions and answers on the family;
- to use search strategies for an effective search on the Internet;
- to perform a dialogue/interview with information researched on the Internet.

1 As a class, revise a variety of questions which might be used in an interview with someone on their family and hobbies.
2 Students decide from a topical list of celebrities who they are going to research and subsequently 'be' in the interview.
3 Students are given a limited time to find out the appropriate information from the Internet.
4 Students then work in pairs 'interviewing' each other in role.

10

Solution
1 deux frères et une sœur
2 manger les sushis
3 golfeur
4 la finance
5 acteur
6 fast-food, acteur

Unité 2 Page 24

11

A reading task in which students note down the age of the person mentioned by each speaker, as well as an adjective which describes them, choosing from the selection given.

↑ ↓ Differentiation opportunity

Depending on the ability of your students, you may want to accept adjectives given in either the feminine or the masculine forms, or you may want to insist that adjectives show correct agreement in order to gain a mark.

Solution

Nom	Âge	Adjectif
Thierry	12	paresseux
Annette	16	sportive
Marie	16	travailleur
Sébastien	28	amusant
Fatima	14	bavarde/ énervante
Mathilde	18	gentille
Jean-Luc	15	timide

Unité 2 Page 25

12

Students read the passage and choose the four correct statements from the selection given. As is often the case in tasks of this kind, the 'questions' are at least as difficult as the passage itself and students should be encouraged to read them very carefully in order not to miss subtle differences.

Solution
2, 3, 5, 6

13

You may want to practise this task orally before students attempt it in writing. Encourage students to answer all the points mentioned in the stimulus letter, including those in brackets, so they can be sure of gaining a good 'content' mark. You could also use this task to allow students to practise adjectival agreements.

You could set a word limit according to the ability of your students or the demands of your awarding body.

Worksheet 39 practises the conditional, which could be used for this task.

Unité 2 Page 26

14

Encourage students to take their time over this exercise, reading both the passage and the statements in detail.

Solution
1 Alizée
2 Passi
3 Alizée
4 Aaron
5 Aaron
6 Alizée
7 Alizée
8 Aaron

unité 2 La famille, les amis, les loisirs

15

You could prepare students for this task by 'feeding' answers in the form of a series of questions, such as:

Il est grand? Il est sportif? Il a l'air intellectuel?
Il a quinze ans? Seize ans? Vingt ans?
Il est très aimable ou assez aimable?
Il est un peu paresseux de temps en temps?
Il est étudiant?
Vous l'aimez ... parce qu'il est amusant? Parce qu'il est expansif? Parce qu'il est un bon ami ... ?

When students have recorded their presentations, encourage them to listen critically to the recordings and to look for ways to improve both their own performance and that of others in the class. They could, for example, work to improve their intonation, to eliminate the sound 'erm', or speed up or slow down their delivery.

Unité 2 Page 27

16 [CD1 track 21]

Worksheet 18 provides the opportunity for students to revise the vocabulary for clothing and fashion items before they attempt this task.

Transcript
Monique: Salut, André. Tu vas en ville?
André: Oui, je veux acheter de nouveaux baskets. Mon problème: ils sont trop chers! Adidas, Nike, ce sont les meilleurs baskets mais ils sont beaucoup trop chers pour moi. Mais je vais au moins acheter un jean.
Monique: Ah, bon. Moi, je veux trouver des boucles d'oreille. C'est pour la fête de ma cousine. J'ai un collier en argent et je cherche des boucles d'oreille en argent aussi. J'en ai trouvé en or, mais l'or, hmm, ça ne me va pas!
André: Tu as de l'argent, toi, Monique! Et toi, Sylvie, qu'est-ce que tu vas acheter?
Sylvie: Moi, je cherche un petit sac à main. J'ai besoin aussi d'une écharpe. C'est pour le mariage de ma tante. Il y aura un bal le soir. J'ai déjà acheté la robe. Elle est très très belle – en vert, longue, mais j'ai besoin d'une écharpe, en soie peut-être.
[Later:]
Monique: Eh bien, André, ça c'est bien passé? Qu'est-ce que tu as acheté?
André: Rien! Je n'ai rien trouvé! Et toi, Monique?
Monique: J'ai acheté trois paires de boucles d'oreille.
André: Trois paires?!
Monique: Oui, il était trop difficile de décider, alors j'en ai acheté trois paires. Mais regarde, Sylvie a acheté beaucoup plus que moi!
Sylvie: Oui, regarde tous mes achats! J'ai acheté un sac à main très mignon, et une paire de bottes, des sandales en plastique, du maquillage, du shampooing et deux paires de chaussettes – regarde! avec de petites vaches et de tout petits cochons.
Monique: Ah, Sylvie, qu'elles sont jolies!
André: Tu penses? Pour une petite fille, peut-être ...

Solution
1 Trainers. they are too expensive.
2 To match her silver necklace *or* gold doesn't suit her.
3 For her aunt's wedding.
4 Long and green.
5 Three pairs of earrings.
6 A handbag, make-up, and shampoo.
7 They have little cows and pigs on them.
8 Monique thinks they are nice, André thinks they are suitable for a little girl.

17

Students practise asking for items of clothing, choosing a colour and a size. You may want to ask them what they think M, P and G in the third column mean (*moyen, petit, grand*). It may be worth telling students that in the GCSE examination they will not be penalised for not knowing about French labelling and sizing systems. Generally speaking, *any* size will be acceptable, however inappropriate it may actually be.

↓ Differentiation opportunity

Lower attainers need not worry about adjectival agreements in this task as they can say *en* bleu, *en* vert, etc., although you may want to ask more able students to use phrases such as *une robe verte, un pantalon brun*, etc.

ICT activity

Learning objectives
- to reinforce language used when buying clothes;
- to provide extra practice in using numbers;
- to use search strategies for an effective search on the Internet;
- to work in pairs asking for and giving information.

1 Preparation – the teacher checks the website (e.g. www.prixdefou.com) and writes two lists of articles which the students can buy.
2 The teacher ensures that students are confident with the questions needed to ask for items, ask for specific sizes and ask the price.
3 Students then work in pairs at the computer, taking it in turns to 'buy' what is on their list.

Unité 2 Page 28

18 [CD1 track 22]

Students listen to the interview and answer the questions in English. Encourage them to read the questions in detail so they have an idea of what the passage will be about before they hear it.

unité 2 La famille, les amis, les loisirs

Transcript
Interviewer: Regardez-vous dans ce miroir et dites-nous ce que vous voyez, ce que vous aimez, ce que vous aimez moins.
Mlle Bronquard: Ce que je vois d'abord, c'est ma paupière un peu gonflée en-dessous de l'œil. Ça, c'est un réflexe de mannequin, ça date de l'époque où je faisais des photos, parce que sur les photos ça se remarque, et il fallait corriger avec un petit peu d'eyeliner. Il y a aussi cette ombre juste en-dessous du nez mais, pff, j'aime bien mon visage et je n'aurais pas envie d'en changer. En fait, avec l'âge on oublie de se regarder dans la glace, hein? Ce qui est certain, c'est que je suis bien moins troublée par mon physique que lorsque j'avais vingt ans.
Interviewer: Justement. Comment vous imaginez-vous dans vingt ans? Ça vous inquiète?
Mlle Bronquard: L'avantage d'avoir été mannequin, c'est qu'on a utilisé son physique au maximum. Alors on n'a pas de regrets. À vingt ans, j'étais angoissée à l'idée de vieillir. Aujourd'hui, je n'y pense pas trop.
Interviewer: Quel est votre premier geste quand vous vous levez?
Mlle Bronquard: Faire couler un grand bain et mettre une crème de jour! En fait je mets la crème juste après le bain. C'est vraiment un réflexe, comme se laver les dents ou se brosser les cheveux. Cela me paraît incroyable qu'il y ait encore des femmes qui n'utilisent pas de crème de jour. C'est comme le maquillage.
Interviewer: Il vous faut combien de temps pour vous maquiller?
Mlle Bronquard: Au maximum six minutes! Je ne tiens pas à faire peur avec une bouche grasse et brillante! Le maquillage, c'est comme les vêtements: peu et juste, voilà le mieux.

Solution
1 A swollen eyelid; a shadow below her nose.
2 She likes it/does not want to change it.
3 She was worried; at the idea of growing old.
4 Takes a bath
5 Six minutes
6 She does not want to frighten people with a greasy (*or* shiny) mouth; *or* She thinks a little make-up well applied is best.

Unité 2 Page 29

19 📖
A reading task in which students match each numbered bubble with a lettered sentence. You may want to remind them of the 'false friend' *lecture* which can often trip students up at this level.

Solution
1 d; **2** h; **3** g; **4** a; **5** b; **6** f; **7** e

20 ✎
You may want to practise this orally with students before they attempt it in writing.
Worksheets 6 and **19** provide practice in using the perfect tense.

Unité 2 Page 30

21 📖
Solution
1 page 4
2 page 7
3 page 11
4 page 2
5 page 9
6 page 8

ICT opportunity
You could create an activity to practise the perfect tense using an online facility such as Quia (www.quia.com) or Hot Potatoes (www.halfbakedsoftware.com) which enable the teacher to tailor-make ICT language-practice activities on a particular topic at an appropriate level for their own students.

Unité 2 Page 31

22 🎧 [CD1 track 23]
Four people give their feelings about different musical instruments.

Transcript
Daniel: Oui, je vais apprendre à jouer de la guitare. J'ai envie de jouer du flamenco!
Abdul: Moi, je déteste le violon. Ma sœur joue, non, non, non, ma sœur essaie de jouer du violon depuis deux ans. Mais ça ressemble à un chat qui crie dans la nuit.
Sylvie: Ah, moi, l'instrument que je ne supporte pas, c'est l'orgue. Quand on joue de l'orgue, ça ressemble à quelqu'un qui passe l'aspirateur. Non, l'orgue, je ne l'aime pas du tout.
André: Moi, j'adore jouer de la batterie. C'est un instrument plein de vie et d'énergie. Quand je joue de la batterie, je me sens transporté dans un village en Afrique ou au Japon, loin d'ici.
Christine: L'instrument que j'aime le plus, c'est la flûte. J'adore le ton doux et tranquille de cet instrument. Moi, je joue de la flûte depuis sept ans. C'est un instrument très romantique à mon avis. Quand j'entends la flûte, je me rappelle toujours les longues promenades à la campagne avec mon mari.

unité 2 La famille, les amis, les loisirs

Solution

Personne	Instrument	Détail
Daniel	6	c
Abdul	7	f
Sylvie	2	b
André	4	g
Christine	3	d

Unité 2 Page 32

23

Do not allow students to give single-word answers (e.g. *Oui* to the second question), but encourage them to take the initiative and expand their answers without being prompted. In the third question, for example, you may want to ask them to mention, say, three other members of their family and to talk about what kind of music they each like, whether they play an instrument, whether they like going to concerts, whether they like the music because they can dance to it, etc.

24

Students choose words to fill the gaps in order to make sense of this message. As suggested in the **Tip**, students should revise *aller* for referring to the future.

Worksheet 20 practises this.

Solution
1 heureux/content
2 en
3 des
4 un
5 mon
6 vais
7 veux
8 à la
9 du
10 allons

Unité 2 Page 33

25 [CD1 track 24]

Allow students to listen to the recording as many times as they wish. The **Tip** encourages them to listen only for the sports at first and then to add the extra details as they listen again.

↓↑ Differentiation opportunity

You may wish to limit lower attainers to one extra detail, and ask higher attainers for two details per speaker.

Transcript

M. Vierny: Bonjour, Abdul, t'as l'air très énergique aujourd'hui!
Abdul: Je me sens très bien depuis que je fais régulièrement du jogging – maintenant je fais au moins vingt-sept kilomètres par semaine. J'essaie de persuader Christine de le faire . . .
Christine: Hé! Pas nécessaire – moi, tu sais, je vais chaque jour au travail à pied. Je ne prends jamais le bus. Je marche trois kilomètres par jour. En plus, je vais à la piscine trois fois par semaine. Mais je ne suis pas passionnée du sport, tu sais . . . pas comme Daniel!
Daniel: Pour moi, ce n'est pas les sports en général que j'aime – mon sport, c'est le basketball. Je joue une ou deux fois par semaine à mon club. Je préfère ça, je n'aime pas le jogging, la musculation, tout ça, c'est barbant, non, André?
André: Au contraire, moi, j'aime bien la musculation. Ça aide avec la batterie! Je suis membre d'un club. J'ai des copains qui font de la musculation aussi. Il y a aussi des filles qui en font – je t'invite, Sylvie!
Sylvie: De la musculation? Volontiers! Mais ce que je préfère surtout, c'est le football. On est en plein air, on fait partie d'une équipe, on est en forme, c'est idéal, à mon avis. Vous aimez le foot aussi, n'est-ce pas, M. Vierny?
M. Vierny: Bien sûr, je le regarde à la télé, mais je n'en fais plus maintenant. Les propriétaires de café, vous savez, on n'a pas le temps d'aller à la piscine, au gymnase, au club toutes les cinq minutes! Mais j'ai une vidéo avec des exercices. Je fais des exercices.
Sylvie: Tous les combien?
M. Vierny: Euh, une fois par . . . par . . . une fois par mois . . . ?

Solution

Name	What sport they do	Any other details
Abdul	Jogging	27km per week, trying to persuade Christine
Christine	Walks to work, swims	3km per day, swims three times a week, not crazy about sport
Daniel	Basketball	Member of club, plays 1–2 times per week, doesn't like jogging or weight-training
André	Weight training	Member of club, good for drumming, friends also train, including girls
Sylvie	Football	Outdoors, in a team, keeps fit
M. Vierny	(Football), exercise video	Watches football on TV, doesn't play any more, doesn't have time because of his work, uses exercise video once a month

unité 2 La famille, les amis, les loisirs

Unité 2 Page 34

26

Students should be encouraged to read the questions before they read the passage so they gain an idea as to what the passage is about.

Solution
1 They feel ill.
2 So that a match can be explained stage by stage, stopping at each stage.
3 Tactical intelligence.
4 They have hands on their feet and eyes in their backs.
5 Unlike golf, football is not a 'smart' game.
6 Social relationships, intense moments of communion with others, national pride.

27

An oral presentation forms part of the speaking test for several of the awarding bodies, and this task allows students to prepare a brief talk on the subject of sport.

Some students may find it helpful to note down key words or bullet points in reply to the stimulus questions. Others may want to prepare spider diagrams and to use these as prompts to keep their presentation moving.

Unité 2 Page 35

28 [CD1 track 25]

Transcript
Monique: Âllo?
Homme: Ah, bonsoir – c'est Monique?
Monique: Euh, oui, mais c'est qui?
Homme: Vous ne me connaissez pas. Je suis un voisin de votre copine Mélanie, qui m'a dit que vous cherchez un ami romantique . . .
Monique: Mélanie a dit ça?
Homme: Je m'appelle Vincent. J'ai vingt-six ans, je suis grand, j'ai les yeux bruns, et je suis très romantique!
Monique: Ah oui?
Homme: Vous voulez aller au cinéma ce soir?
Monique: Ben, je ne sais pas . . .
Homme: Si on allait au café? Disons à huit heures moins le quart?
Monique: Non, merci. Je n'ai aucune envie d'aller au café ce soir.
Homme: Peut-être que vous préférez dîner dans un restaurant. Vous aimeriez ça? Où est-ce qu'on pourrait se retrouver? Devant l'hotel de ville, peut-être?
Monique: Je ne veux pas aller dans un restaurant avec vous ce soir!
Homme: Je peux vous rendre visite chez vous peut-être? On pourrait se promener dans le parc!
Monique: Merci beaucoup, mais non! Imbécile!

Solution
5, 1, 6, 3, 4, 2

29 [CD1 track 26]

You may want to ask students to repeat this role-play task, choosing a different activity, a different place to meet, and suggesting a different time of day on each occasion.

↑ Differentiation opportunity

Higher attainers should be encouraged to use correct grammar, e.g. *Je voudrais jouer au tennis . . . Est-ce qu'on va se retrouver devant la gare? On se retrouve à huit heures moins le quart.*
Worksheet 4 practises times.

Transcript
- Qu'est-ce que tu veux faire cet après-midi?
- Où est-ce qu'on va se retrouver?
- À quelle heure?
- Bon, ça va. À bientôt.

Unité 2 Page 36

30 [CD1 track 27]

Students listen to the recording and read the five statements, matching each statement to one of the speakers.

↑ Differentiation opportunity

As an extension activity, you could ask higher-ability students to give one extra piece of information for each speaker.

Transcript
Paul: Ha, c'est la grande bouffe. On mange beaucoup. On boit trop. Le reste de l'année, je travaille, je travaille dur. Alors à Noël je me repose. C'est ma mère qui prépare les repas. Moi, je mange, je bois – voilà.
Muriel: Pour moi, Noël est une fête religieuse – beaucoup de gens ne connaissent pas la vraie signification de la fête – la naissance de Jésus-Christ. Je vais toujours à la messe de minuit. C'est un aspect très important.
Mme Vierny: Oh, Noël – ça me donne l'occasion de passer du temps avec mon mari et mes enfants. On est ensemble en famille. J'ai quatre enfants – mon fils aîné est marié – et j'ai deux petits-enfants. Ils viennent me rendre visite. J'adore acheter de beaux cadeaux pour tous les enfants.
Djamal: Noël, ça me veut dire les boums, aller au café, aller au restaurant, aller dans une boîte de nuit. La musique, la danse, le vin, la bière – voilà la signification de Noël pour moi.
Mme Berçu: Pas du tout, pas du tout! Moi, j'habite toute seule. Depuis la mort de mon mari, je suis seule à Noël. Les boums, les fêtes – c'est pas pour moi. Je préfère rester à la maison, lire un livre, regarder la télévision. C'est un jour comme tous les autres.

unité 2 La famille, les amis, les loisirs

Solution
1 Mme Vierny
2 Paul
3 Muriel
4 Mme Berçu
5 Djamal

31

Solution
3, 4, 6, 8, 9

32

Students are asked to write about a festival or celebration. You may want to prepare this orally before students attempt it in writing. You could also set a word limit according to the requirements of your awarding body.

Unité 2 Page 37

33

A Foundation Tier writing task in which students have to list five days and five activities. You may want to draw their attention to the **Tip**, which reminds them not to use the words given as an example – something which it is remarkably easy to do in the pressure of an examination situation.

34

Some students may want to use this as the basis for a coursework task. They should take care to answer all the points which are asked for, and to use appropriate tenses (as mentioned in the **Tip**).
  Worksheet 21 practises the use of *avant de* + infinitive.

Unité 2 Page 38

35

A 'narration' style speaking task: students use the words and pictures as a basis for an oral account.

↑ *Differentiation opportunity*
Higher attainers could be asked to produce a written version too.

ICT activity
Learning objectives
- to complete an extended piece of writing to summarise the whole unit;
- to redraft writing to improve accuracy.

Students draft their work in a word-processing package under the following headings: *Ma famille, Mes passe-temps, Mes amis.*

↓ The teacher could prepare a series of Word documents which provide a range of support. For the lower-attaining students this could take the form of phrase banks or writing frames.

ICT activity
This activity would be possible if the school has e-mail links with another school in the UK or France.

Learning objectives
- to reinforce the question forms used in this unit;
- to produce a piece of writing in the third person on the topics of the unit.

1 As a class, check students' written competence in the question forms.
2 Students e-mail these questions, either in the body of the e-mail or as an attachment, to students at the other school.
3 Students cut and paste the responses of their 'partner' into a word-processed document, changing first to third person.

unité 3
Ma ville, ma région

Grammar focus in this unit
- nationalities, country names
- prepositions
- *faire* in weather expressions
- times
- perfect tense
- imperfect tense
- question forms
- possessive adjectives
- *en* + present participle

Topics covered in this unit
- local area: town, countryside, seaside
- public services
- the environment
- the weather
- directions, finding the way
- transport

In this unit, the context is provided by a visit from André's Canadian friend Lee who comes to stay in Vendôme. Lee and André plan a train trip to Blois but it is not problem-free. These plans and Lee's conversations as he makes new friends in Vendôme form the springboard for most of the tasks in the unit.

Unité 3 Page 39

1 [CD1 track 28]

In this task, four people give their nationality and say where they are going and for what reason. You may find it helpful to revise the words for countries and nationalities before students attempt this task.

Worksheets 22 and **23** practise countries and nationalities.

Transcript
1 Moi, je suis burundais, du Burundi en Afrique. Je suis en route pour les États-Unis pour mon travail. Je vais y rester deux semaines.
2 Je suis suisse. Je vais au Royaume-Uni. Je vais passer des vacances chez ma tante. Elle habite à Southampton.
3 Je viens du Danemark. Je suis en vacances. Je vais passer deux semaines en Grèce. Hmm – je vais me reposer à la plage, me bronzer – j'espère . . .
4 Moi, je suis de la Belgique. Je rentre chez moi. J'ai passé une semaine en Écosse mais maintenant je suis en route pour ma maison.
5 Je viens d'Autriche. Je vais passer mes vacances chez ma fille. Elle habite en Espagne. Je ne la vois que rarement – une fois par an peut-être.

Solution
1 B, 3, c
2 G, 5, b
3 A, 1, g
4 D, 4, e
5 C, 2, d

Unité 3 Page 40

2  [CD1 track 29]

1 Students are asked to deduce, from what they hear, whether the speakers like travelling by plane or not.
2 Students read the statements and match each of them with one of the speakers. When students have completed the two parts of this task you could ask them: *Et vous, vous aimez les voyages en avion?* Students could then use the language they have encountered in the task to formulate their own replies.

Transcript
Employée: Excusez-moi, monsieur. Nous faisons un sondage de la part d'Air France. Que pensez-vous des voyages en avion, monsieur, Monsieur . . . ?
M. Lautrec: Lautrec. Henri Lautrec. Bon, je crois qu'il y a beaucoup d'avantages. L'avion, c'est rapide. Moi, je fais des voyages d'affaires. Je vais assez souvent en Angleterre ou au Danemark. Les voyages sont très faciles en avion.
Employée: Merci, monsieur. Et vous, madame, s'il vous plaît? Vous aimez voyager en avion, Madame . . . ?
Mlle Gilles: Je suis Mademoiselle Gilles. Euh, bon, à mon avis . . . moi, j'habite tout près de l'aéroport. Prendre l'avion pour aller à Paris, c'est plus rapide que prendre le train. Et voyager en auto, non, merci. J'ai horreur des embouteillages!
Employée: Merci beaucoup, mademoiselle. Et qui, maintenant, aha! Excusez-moi, s'il vous plaît, madame . . . Nous faisons un sondage! Puis-je vous demander votre nom?
Mme Joubert: Je suis Florence Joubert.
Employée: Madame Joubert, vous aimez voyager en avion?
Mme Joubert: Pas du tout. J'en ai peur. Je ne voyage jamais en avion, jamais. J'ai lu trop de reportages sur les accidents. Non, merci. Moi, je préfère le train ou le bateau. Mais mon fils, André, il adore les avions, n'est-ce pas, André?
André: C'est vrai – surtout au moment juste avant le décollage, quand on roule très rapidement sur la piste. Moi, j'adore ça.
Employée: Merci à vous deux! Et vous monsieur, vous aimez voyager en avion?
M. Grincent: Je trouve que les avions ne sont pas confortables. Il n'y a pas assez de place à mon avis.

unité 3 Ma ville, ma région

Aussi les repas dans les avions, ils ne sont pas très bons, je trouve. Moi, je préfère voyager en bateau.
Employée: Et votre nom, s'il vous plaît?
M. Grincent: Grincent. Monsieur Grincent.
Employée: Merci, monsieur. Et vous, madame – vous êtes Madame Grincent, je suppose? Que pensez-vous des voyages en avion?
Mme Grignot: Mais non, je m'appelle Grignot, Madame Grignot.
Employée: Oh, excusez-moi . . .
Mme Grignot: Je n'aime pas les voyages en avion. Je n'aime pas voyager avec beaucoup d'autres gens. Moi, je préférerais avoir un hélicoptère à moi. Ce serait très avantageux – pas de fils d'attente, pas d'embouteillages, et des repas superbes, servis par mon propre personnel, ce serait sans doute le meilleur moyen de transport!

Solution
1 a
  b
  c
  d
  e
  f
2 a Mlle Gilles
  b Mme Joubert
  c André
  d Mme Grignot
  e M. Lautrec
  f M. Grincent

Unité 3 Page 41

3

A simple matching task to consolidate vocabulary.

Solution
1 b; 2 j; 3 h; 4 c; 5 d; 6 a; 7 e

↓ ICT activity

Learning objective
- to revise the spelling and meaning of the key words relating to buildings in a town.

1 Using a word processor, the teacher creates a file of jumbled words on one side of a table with their English meanings on the other. They should not match at this stage.
2 Students are given a couple of minutes to revise the jumbled words.
3 They then have a time limit to match the English forms with the French.

Unité 3 Page 42

4

Students are asked to say where they want to go and how they want to get there.

↑ Differentiation opportunity

For higher-ability students, you may want to insist that they use correct grammar (*au*, *à la*, *à l'*, as appropriate) and the correct preposition before the means of transport (*à pied*, *en voiture*, etc.).

Unité 3 Page 43

5

Another task to consolidate vocabulary. Question 4 contains the word *location*, a common 'false friend' which frequently trips up candidates in examinations; and in question 8, students should be careful not to confuse *roue* and *route*.

Solution
1 a; 2 c; 3 c; 4 c; 5 a; 6 b; 7 b; 8 a

Unité 3 Page 44

6 [CD1 track 30]

Transcript
Lee: Tu aimes ton village, Micheline?
Micheline: Pas du tout! Le village où j'habite, je le déteste. Il n'y a rien pour les jeunes. Nous n'avons ni café ni magasin. Il n'y a pas de maison des jeunes. Pour aller à mon collège, il faut prendre le bus et le voyage dure une demi-heure. Les habitants de mon village ne sont pas du tout agréables. Madame Colomb, par exemple – elle habite à côté de chez nous – elle est vraiment horrible. Elle déteste les enfants. Elle se plaint toujours quand ils jouent dans la rue.
Lee: Ah, Micheline, viens chez nous! Montréal est très agréable. Il y a beaucoup pour les jeunes. Nous avons trois cinémas, une patinoire, un centre sportif avec une piscine énorme. Les parcs sont très jolis. Nous avons un seul problème: il y a trop de touristes et il est impossible de trouver un parking!

Solution
Mentionnés par Micheline: 1, 9, 6, 4
Mentionnés par Lee: 10, 3, 11, 8

7

A simple writing task in which students write a list of places found in a town. Some students think they can 'beat the examiner' by writing English words such as 'pub' or shop names in a task such as this and it's worth stressing the disadvantages of trying to do this, as mentioned in the **Tip**.

Unité 3 Page 45

8

Students read the letter and fill the gaps in the sentences.

Solution
1 demandé
2 une heure et demie
3 deux
4 ouvert
5 pause

ICT activity
Learning objectives
- to scan authentic materials for detail;
- to use search strategies for an effective search on the Internet.

1 Preparation – the teacher checks the website for the town of Blois and surrounding area (www.loiredeschateaux.com/acceuil.asp) and creates a series of comprehension questions designed to find out about the area. Examples of questions might be:

Il y a combien de parcs à Blois?
Est-ce qu'on peut visiter un musée à Blois? Faites une liste des musées . . .
Est-ce qu'on peut louer un vélo?
Est-ce qu'il est possible de faire du camping . . . ?

2 If available, use a computer and a large screen or interactive whiteboard to show the class the 'way round' the website, drawing attention to key words such as *hébergement*.
3 Students then work individually or in pairs to find the answers to the questions.

Unité 3 Page 46

9 [CD1 track 31]
Students may find it helpful to revise weather vocabulary before attempting this task.

Transcript
Le bulletin météo . . .
1 Au centre de la France, temps ensoleillé pendant toute la journée mais risque d'averses le soir.
2 Le matin, il va faire du brouillard, surtout sur la côte.
3 Aujourd'hui, il va faire froid. Vents forts partout.
4 Risque de neige dans l'est pendant la nuit.
5 Après la pluie d'hier, il y a un risque d'inondations dans le sud-ouest.

Solution
1 f, d; 2 a; 3 b; 4 c; 5 d, e
2 Ensoleillé, avec risque d'averses le soir.

10 [CD1 track 32]
This task allows students to hear and identify weather expressions in the past tense.
Worksheet 24 practises the language for describing the weather in the present and past.

Transcript
Lee: Tu es allée au Canada, n'est-ce pas, Christine? Quel temps a-t-il fait pendant tes vacances?

unité 3 Ma ville, ma région

Christine: Pour mes vacances, j'ai fait du ski au Canada. Nous avions de la neige. C'était bien! J'adore ça! Mais qu'il fait froid chez vous au Canada, Lee! Et toi, où es-tu allé?
Lee: Pour les vacances, nous étions aux États-Unis. Il faisait du soleil pour la plupart, mais pendant deux jours il y avait du brouillard et nous n'avons rien vu. Et toi, Monique?
Monique: Moi, j'étais en Grèce. Il faisait chaud, un peu trop chaud pour mes sœurs et moi. J'ai eu de la chance. Et toi, Abdul?
Abdul: Nous sommes allés chez mon oncle en Tunisie, c'est-à-dire en Afrique du Nord. Il a fait du vent, du vent! André, où es-tu allé?
André: Moi, j'ai passé quinze jours aux Pays-Bas. Tous les jours il pleuvait à verse! J'aurais dû rester chez moi, comme les Vierny – n'est-ce pas, Madame Vierny?
Mme Vierny: Oh, nous, nous sommes restés en France. Il a fait du soleil, et j'étais très heureuse – j'ai passé de longues journées dans le jardin à lire de bons livres! C'était parfait!

Solution
Christine   f, 4, 6
Lee   a, 3, 2
Monique   e, 5
Abdul   b, 7
André   d, 1
Mme Vierny   g, 3

↑ Extra idea
Provide a print-out of the weather map of France for the previous day, for students to write a description of yesterday's weather. If it seems necessary, key phrases could be provided under the weather map.

Unité 3 Page 47

11 [CD1 track 33]
Students listen to conversations at a railway station and note down the times of the trains which are mentioned.
Worksheet 4 practises telling the time in French.

Transcript
1 **Voyageuse:** Le prochain train pour Paris part à quelle heure?
Employé: À quinze heures vingt-cinq, madame.
Voyageuse: Merci, monsieur.
2 **Voyageuse:** Le prochain train pour Bordeaux part à quelle heure, monsieur?
Employé: À dix-huit heures treize, mademoiselle.
Voyageuse: Merci, monsieur.
3 **Voyageur:** Le prochain train pour Nantes part à quelle heure, s'il vous plaît?
Employé: Euh, vous avez un train dans cinq minutes, treize heures quarante.
4 **Voyageur:** Il y a un train pour St-Paul ce matin?
Employé: Le prochain train pour St-Paul part à onze heures cinquante-cinq, monsieur.

© John Murray   **Teacher's Resource Book 2**

unité 3 Ma ville, ma région

5 Voyageuse: Le train pour Lille, il part à quelle heure, monsieur?
  Employé: Le prochain train part à seize heures.
6 Voyageuse: Il y a un TGV pour l'aéroport Charles-de-Gaulle?
  Employé: Oui, à dix-neuf heures cinq, pardon, à dix-neuf heures cinquante.
  Voyageuse: Merci, monsieur.
7 Voyageuse: Le prochain train pour Tours, il part à quelle heure?
  Employé: À seize heures dix-sept, quai numéro douze.
  Voyageuse: Merci.

Solution
(Allow answers in the 12-hour clock also.)
1 15.25; **2** 18.13; **3** 13.40; **4** 11.55; **5** 16.00; **6** 19.50; **7** 16.17

Unité 3 Page 48

12

Students prepare their part in a role-play task in which they ask for tickets and information at a railway station.

You may want to remind some students to say *un billet **pour** (Rouen)* ... rather than *un billet **de** ...*

Worksheet 25 gives practice with some tricky verbs.

Unité 3 Page 49

13

Students read the passage and answer the questions in English. There may well be words which are unfamiliar to students but they should use their knowledge of English to work them out in the context.

Worksheet 26 practises the language needed for talking about cars.

Solution
1 petrol
2 3,826 metres
3 1,673 metres
4 yes
5 173km/h
6 144g/100km

Unité 3 Page 50

14

Students read the advertisements and note down which of them relates to each of the statements.

Solution
1 a; **2** b; **3** c; **4** b; **5** d; **6** d

Unité 3 Page 51

15

Students read the magazine article and note the colour of car which applies to each description.

Solution
1 black
2 yellow
3 white
4 orange
5 red
6 blue/green
7 silver

Unité 3 Page 52

16 [CD1 track 34]

In many examination questions, candidates come across unexpected replies to questions. This task allows them to focus on some of these, by listening to six conversations in which individuals ask for directions but are given some problem in the reply.

↑ Differentiation opportunity
You may want to ask higher-attaining students to give you their answers in French rather than English.

Transcript
1 André: Pour aller au Crédit Agricole, s'il vous plaît?
  Passant: Allez tout droit. Ce n'est qu'à deux minutes d'ici, mais attention, la banque ferme dans cinq minutes.
  André: Merci, monsieur.
2 André: Pour aller au château, c'est loin?
  Passant: Ce n'est pas loin, mais c'est aujourd'hui mardi et le château est fermé.
3 André: Excusez-moi, nous cherchons un bureau de poste.
  Passante: Oh, je m'excuse. Je ne suis pas d'ici, mais regardez là-bas – le facteur. Demandez-lui. Il sait sans doute.
4 André: Pour aller au marché, c'est loin d'ici?
  Passante: Désolée, il n'y a pas de marché près d'ici.
5 Lee: Pouvez-vous m'aider? Je cherche le commissariat de police. J'ai perdu mon portefeuille.
  Passant: Mais pour ça, il ne faut pas aller au commissariat. Pour ça il faut aller au bureau des objets trouvés.
6 André: Excusez-moi, nous cherchons le zoo.
  Passant: Il n'y a pas de zoo à Blois. Vous cherchez peut-être le Musée d'histoire naturelle?

Solution
1 a bank
  b It closes in 5 minutes.
2 a castle
  b The castle is closed today because it's Tuesday.

3 **a** post office
  b The person is not local.
4 **a** market
  b There isn't a market near here.
5 **a** police station
  b They need the lost property office instead.
6 **a** zoo
  b There isn't one in Blois.

17 [CD1 track 35]

In the **Tip**, students are reminded to think whether they should use *tu* or *vous* in this task.

↑ *Differentiation opportunity*

Higher attainers should be encouraged to use *C'est à quelle distance d'ici?* rather than merely *C'est loin?*

Transcript

1
- Bonjour, je peux vous aider?
- C'est par ici, à gauche.
- Ce n'est pas loin – cinq minutes.
- Au revoir.

2
- Bonjour, je peux vous aider?
- C'est par ici, à droite.
- Ce n'est pas loin – deux minutes.
- Au revoir.

3
- Bonjour, je peux vous aider?
- C'est par ici, la deuxième rue à droite.
- Je dirais, peut-être trois minutes.
- Au revoir.

4
- Bonjour, je peux vous aider?
- Allez tout droit.
- Oh, c'est à cinq ou six minutes.
- Au revoir.

5
- Bonjour, je peux vous aider?
- Passez le pont et continuez tout droit.
- C'est à deux minutes d'ici.
- Au revoir.

18  [CD1 track 36]

This task allows students to practise coping with the unexpected on the spot, an important part of success at the higher GCSE grades. They should not prepare in advance but should try to think of suitable responses when they hear the questions.

Worksheet 27 practises asking and understanding questions.

Transcript
- Vous voulez changer combien d'argent?
- Qu'est-ce que vous avez comme pièce d'identité?
- Combien de temps restez-vous ici en France?
- Depuis quand êtes-vous ici?
- Vous avez d'autres questions?

unité 3 Ma ville, ma région

Unité 3 Page 53

19

Students read the passage and answer the questions in English.

Solution
1. On the Atlantic coast
2. There had been a storm.
3. They suffocate, or die from their injuries.
4. Spain has banned this type of fishing.

20 [CD1 track 37]

A student, keen on environmental issues, and an older man for whom they are not important, share their views in this recording.

Transcript

Jeune homme: Moi, je trouve horrifiant que des centaines de dauphins meurent à cause des méthodes de pêche qu'on emploie dans notre pays. J'ai écrit une lettre au Président de la République. À mon avis, c'est la faute des politiques. Il est important de protester.

Vieil homme: Ah, ça alors, moi, je suis trop vieux pour ça. Je suis aussi trop paresseux. Oui, j'ai l'intention de sauver la planète … mais, mais … j'oublie. Bien sûr, on devrait prendre le vélo au lieu de l'auto mais moi, pff, ça ne vaut pas la peine. Moi, je ne peux rien changer.

Jeune homme: Je ne suis pas du tout d'accord. Je trouve important d'agir avant qu'il soit trop tard. J'ai participé à des manifestations à Paris l'année dernière contre des centrales nucléaires. J'ai discuté avec des gens dans la rue, j'ai distribué des papiers donnant des informations. C'est une question importante pour tout le monde, à mon avis.

Vieil homme: Hmm, le recyclage, hmm ça va, ça, c'est une bonne idée. Le papier, le verre, les boîtes … Ce n'est pas difficile, ça. Mais, pff …

Jeune homme: Je fais partie du mouvement qui lutte contre la culture automobile dans les villes européennes. Nous avons plein d'adhérents dans plusieurs pays. L'effet de serre, c'est un problème très grave. J'aimerais inventer la première voiture verte. C'est une voiture sans moteur, sans plastique et sans essence …

Vieil homme: Hmm, vraiment. Et vous espérez ainsi protéger la planète?

Jeune homme: C'est à tout le monde de le faire!

Solution
1. He thinks it is horrible.
2. He has written to the French President.
3. He says it is the fault of politicians and it is important to protest.
4. He says it is not worth the effort.
5. He gave out papers.
6. Recycling (paper, glass, cans).
7. A 'green' car (without engine, plastic or petrol).

© John Murray   **Teacher's Resource Book 2**

unité 3 Ma ville, ma région

Unité 3 Page 54

21

Students design posters advertising a town – real or imaginary. The **Tip** mentions the French practice of putting a possessive adjective in front of buildings and items of interest on such posters, and students are encouraged to do the same.
   Worksheet 28 practises using possessive adjectives.

22

You may want to practise this task orally before students attempt it in writing. It may be a good idea to remind them of letter-writing conventions before they start.
   Worksheet 10 practises useful phrases for letter-writing.

ICT activity
Learning objective
- to use presentational software (e.g. PowerPoint) as a support for an oral presentation.

1 Students research information on their own town or surrounding area (in English) and prepare an oral presentation in French about aspects of their town.
2 They use presentational software to prepare slides with key words on them to support the presentation they then give to the class/group without the aid of their written preparatory notes.

↑ Higher-attaining students should be asked to go beyond simple statements and to include, for example, opinions, descriptions and locations.

Unité 3 Page 55

23 [CD1 track 38]

A task for vocabulary consolidation. Students listen to the recording and match each speaker's words with one of the places on the plan.

↑ Differentiation opportunity
To extend this activity for higher attainers, you may want to ask them to make up their own scenarios to match the other places shown in the bus station. They could record these and try them out on others in the class, or in other classes.

Transcript
1 **André:** Je veux savoir quand est-ce que le prochain bus part pour Vendôme. Où est-ce qu'on peut demander . . . ?
2 **Lee:** J'ai soif. Où est-ce que je peux acheter un jus de fruits?
3 **André:** Tu veux acheter un magazine pour le voyage?
4 **Lee:** Où sont les toilettes? C'est urgent!
5 **André:** Un aller simple pour Vendôme, s'il vous plaît.
6 **Lee:** Il faut attendre une demi-heure. Viens. On peut s'asseoir ici.
7 **André:** Que j'ai mal à la tête – je vais acheter de l'aspirine.

Solution
1 d; **2** j; **3** f; **4** g; **5** i; **6** c; **7** a

Unité 3 Page 56

24 [CD1 track 39]

This is quite a quick passage and students may want to listen to it several times before they can answer all the questions.

Transcript
Mme Joubert: Écoute, chéri, c'est Annie. Je suis à Allency au carrefour près de l'autoroute. J'ai un problème. Il y a un gros embouteillage. On m'a dit qu'il y a eu un accident. Nous ne roulons pas du tout. J'avais l'intention de rentrer à la maison à six heures . . . mais . . . c'est pas du tout possible! Je ne sais pas, je vais arriver une heure plus tard, deux heures peut-être. Disons sept heures et demie. Je suis désolée. Mais le cadeau pour Marie – succès! J'ai acheté les posters dont nous avons parlé. Elle sera ravie, je crois! À bientôt.

Solution
1 b; **2** a; **3** c; **4** b; **5** b

ICT activity
Learning objectives
- to show detailed understanding of the listening passage from exercise 24;
- to rewrite the passage in the correct order.

1 Preparation – the teacher creates a document of the transcript of exercise 24. The passage is then jumbled up.
2 Students use the word processor to reorder the phone message.

25

You will probably want to prepare this task orally before students attempt it in writing. You could also set a word limit according to the demands of your awarding body.
   It will be worth some students' while to revise the imperfect and the perfect tenses.
   Worksheets 6 and **19** provide practice of the perfect tense.
   Worksheet 29 provides practice of the imperfect.

↓ Differentiation opportunity
You may also want to provide a gapped outline in order to give support to lower attainers.

Unité 3 Page 57

26

Encourage students to be as imaginative as possible as they invent an ending to this story. Nevertheless they should not neglect grammatical accuracy. It may be worth going over some of the verbs which they may want to use, and to ensure that they can formulate these correctly in the appropriate tense. This task could form the basis of a piece of coursework.

27

This task could also form the basis of a piece of coursework. Again, you may find it helpful to go over the verbs orally before students attempt the task in writing. Your students may like to brainstorm verb constructions which they think will be useful (see the **Tip**), or you may like to give them infinitives and ask them to give the verb in the appropriate tense and with the appropriate person.

Unité 3 Page 58

28

A first-person narrative speaking task based on pictures, with plenty of opportunities to use past tenses. The student can choose to be any one of the four characters shown.

unité 4
Il faut travailler!

Grammar focus in this unit
- opinions
- future tense
- conditional tense
- perfect tense
- imperfect tense
- referring to the future
- adverbial phrases
- making requests, asking questions
- gender
- numbers
- prepositions

Topics covered in this unit
- continuing education
- career plans, different types of work
- work experience, part-time work, finding a job

In this unit, the context is provided by discussions between Paul and his friends about what work they do or hope to do.

Unité 4 Page 59

1 [CD2 track 1]

Paul and friends discuss what they want to do when they leave school.
Worksheet 30 practises useful phrases for recognising and giving opinions.

Transcript

Lee: Est-ce que tu vas aller à l'université, Paul?
Paul: Oui, je vais aller à l'université. Je veux étudier la physique et les maths. Le logement? Je vais habiter dans un appartement avec d'autres étudiants.
Lee: Et toi, Djamal?
Djamal: Je vais aller à l'université mais je vais habiter chez mes parents. Trouver un appartement, c'est trop cher, et en plus, maman prépare des repas excellents! Ma matière? La médecine. Et toi, Anne-Laure?
Anne-Laure: Moi, je veux en tout cas quitter l'école. Les professeurs nous traitent comme des enfants! Je vais aller à l'université pour étudier la psychologie. J'espère aller à l'université de Nantes. Et j'essaie de persuader Patrick . . . , n'est-ce pas, Patrick?
Patrick: Je veux certainement aller à l'université, mais habiter loin de ma famille – je n'en suis pas sûr . . . Faire la vaisselle, le repassage, les courses – chez moi, c'est ma mère qui fait tout ça. Mais toi, Lee, qu'est-ce que tu veux faire?
Lee: Je veux faire mes études mais je vais travailler aussi. J'ai besoin d'argent pour une voiture, pour aller au cinéma, pour aller au café ou au club. Ça, c'est très important pour moi. Tu vas à l'université, Sophie?
Sophie: Euh . . . oui, mais j'ai peur. Je pense que tous les autres vont être plus intelligents que moi et qu'il sera impossible de faire tout le travail. Ma matière, c'est la philosophie – c'est une matière difficile, je crois.

Solution
1 Paul
2 Sophie
3 Patrick
4 Sophie
5 Anne-Laure
6 Djamal
7 Lee

Unité 4 Page 60

2 [CD2 track 2]

A task for vocabulary consolidation.
Worksheet 31 practises vocabulary for jobs and professions.

Transcript
1 Mon mari travaille comme infirmier.
2 Mon fils travaille comme facteur.
3 Quand je quitte le lycée, je veux travailler comme journaliste.
4 Moi, j'ai toujours voulu devenir pilote.
5 Pouvez-vous remplir cette fiche, s'il vous plaît?
6 Excusez-moi, vous pouvez envoyer un fax?
7 Monsieur Buzet, il y a un message sur le répondeur. C'est de la part de Monsieur Marion.
8 Ma copine travaille dans un magasin. Elle travaille seulement le matin.
9 Oh, le travail au restaurant, c'est dur, c'est très très dur.
10 Vous commencez à quelle heure le matin? À huit heures moins dix.

Solution
1 b; **2** b; **3** c; **4** b; **5** c; **6** c; **7** b; **8** b; **9** b; **10** a

ICT activity

Learning objective
- to revise the meanings of key words relating to jobs.

1 Using a word processor, the teacher creates a file of French job names in anagram form, with their English meanings on either side of a table. These should not match at this stage.
2 Students are given a couple of minutes to unscramble the French words.
3 They then have a time limit to complete the matching activity.

Unité 4 Page 61

3

Students supply words of their own to fill the blanks. Note that the number of blanks in each sentence matches the number of words to be inserted. Students should be encouraged to check accuracy in genders, verb endings, etc.

Solution

Allow anything which fits in the context, e.g.

1 au bureau
2 au magasin
3 à l'école
4 Un médecin/un infirmier/une infirmière
5 Un fermier travaille

4

Encourage students first of all to read the French and to work out what information is required. They should then note down the information about themselves, paying particular attention to the accuracy of their spelling.

Unité 4 Page 62

5 [CD2 track 3]

Four friends talk about how they earn money through part-time jobs. Students are asked to listen for gist at first and to note down only the job which is mentioned by each speaker. They then listen again for detail and aim to note down one other piece of information for each speaker.

↑ Differentiation opportunity

You may want to ask more able students to list additional details.

Transcript

Lee: Djamal, que fais-tu pour gagner de l'argent?
Djamal: J'ai trouvé un moyen assez original de gagner de l'argent. Les soirs pendant la semaine, je m'occupe des chiens de mes voisins qui ne sont pas à la maison pendant tout la journée. Je les promène. C'est bien. C'est aussi très bien payé.
Lee: Et toi, Sophie?
Sophie: Moi, je travaille à la piscine le week-end. Je donne des cours de natation aux petits enfants. J'aime ça. C'est très intéressant. Ce que je n'aime pas, c'est le nettoyage des vestiaires. Tous les instructeurs sont obligés de nettoyer les WC et les vestiaires après les cours. Je déteste ça.
Lee: Hmm, je comprends. Que fais-tu pour gagner de l'argent, Patrick?
Patrick: Je travaille tous les samedis. Je travaille pour le chef d'une compagnie d'assurances. Il est très très riche. Je lave ses voitures chaque week-end – il en a quatre.
Lee: Et toi, Muriel? Que fais-tu?
Muriel: Je n'ai aucune envie de travailler dans un supermarché ni dans un restaurant. Ouf, non, non, non, c'est ennuyeux, ça. Non, moi, je peins des tableaux aux murs des maisons et des appartements, c'est-à-dire aux murs des chambres à coucher des enfants, par example. Récemment, j'ai peint un tableau au mur de la chambre de mes voisins. Ils ont des enfants de cinq et huit ans. J'ai dessiné aussi des images d'animaux et des personnages de la télévision, des BD, etc. On me paie pour mes dessins.
Lee: Hmm, très intéressant, Muriel. Tu es sans doute forte en dessin.
Muriel: Je crois que oui.

Solution

Nom	Travail	Autre détail
Djamal	S'occupe des chiens des voisins	Les soirs; promène les chiens; bien payé
Sophie	Donne des cours de natation	Cours pour petits; aime; déteste nettoyer les vestiaires
Patrick	Lave des voitures	Voitures d'un chef de compagnie; 4 voitures
Muriel	Peint des tableaux aux murs	Récemment pour voisins; enfants de 5 et 8 ans

6 [CD2 track 4]

1 Many students find this type of task complex, so it is best to break it down into parts. The **Tip** helps with this: students should first of all read the table and find out what information they are looking for, then listen to the passage and find the information (perhaps making rough notes at this stage), and finally complete the table by adding the appropriate words in French. When they have completed the table, they could listen to the recording again to check their answers.

2 On a further listening, students are asked to note down any other detail.

The **Tip** also draws students' attention to the 'false friend' *rester*.

Worksheet 9 practises recognition of 'false friends'.

↓ ↑ Differentiation opportunity

The answers to part 2 could be in English or French depending on the ability of your students.

unité 4 Il faut travailler!

Transcript

1 Moi, je travaille à la boulangerie. Je travaille tous les matins de sept heures jusqu'à midi. Je ne travaille pas l'après-midi. Je reste à la maison avec mes deux enfants.
2 Moi, je travaille au supermarché. Je travaille le jeudi soir et le vendredi soir. De temps en temps, je travaille aussi le samedi matin, mais je n'aime pas ça parce qu'il y a trop de monde dans le supermarché et ils posent des questions stupides ...
3 Je travaille comme secrétaire – trois jours par semaine – lundi, mardi, mercredi ou mercredi, jeudi, vendredi – ça dépend. Ça me convient très bien comme ça.
4 Depuis deux ans je suis chauffeur de taxi – à mi-temps. Je travaille en moyenne quinze heures par semaine.
5 Moi, j'ai trouvé du travail dans une usine où l'on fabrique le savon et le shampooing. Ce n'est pas très bien payé mais c'est convenable. Je travaille trois heures par jour seulement.
6 Je fais du jardinage pour plusieurs gens qui habitent près de chez moi. Je travaille en moyenne dix heures par semaine.
7 Moi, je voudrais trouver un autre emploi, mais pour le moment je travaille dans un restaurant vietnamien. Je travaille tous les soirs – sept jours sur sept. Je commence à six heures et je travaille jusqu'à dix heures en général.

Solution
1

	Travail	Quand?
1	Boulangerie	Tous les **matins** de **7** à **12**
2	Supermarché	**Jeudi** soir et **vendredi** soir, de temps en temps samedi matin
3	Secrétaire	Lundi, **mardi**, **mercredi** ou mercredi, **jeudi**, **vendredi**
4	Chauffeur de taxi	**15** heures par semaine
5	Usine	**Trois** heures par **jour**
6	Jardinage	Dix **heures** par **semaine**
7	Restaurant	De **6** à **10** tous les jours

2 Allow any other detail for each speaker.

Unité 4 Page 63

7 [CD2 track 5]

Another task which allows students to practise listening and responding. Students may want to make rough notes at the second stage (listening for detail) before expressing their answers in French. The **Tip** reminds them that, although the speakers use *Je ...*, they will need to use *il* or *elle* in their answers and may therefore need to modify the verb endings. The more accurately students can manipulate language in this way the better their chance of a high GCSE grade.

Transcript

1 **Femme:** Je n'aime pas mon travail. Ce n'est pas bien payé. Moi, ju suis mariée et j'ai trois enfants. Je ne gagne pas assez pour vivre!
2 **Christine:** Je déteste mon travail, je le déteste absolument! Les autres employés sont bêtes. Ils parlent tout le temps des autres collègues qui ne sont pas là. Je n'aime pas ça, pas du tout.
3 **M. Joubert:** Je trouve mon travail très bon. Je travaille en plein air. Je me sens complètement libre. J'organise mon temps comme je veux. C'est bon, ça.
4 **Mme Joubert:** Je n'aime pas le travail au bureau. C'est ennuyeux. Tous les jours, c'est la même chose. Ça sent mauvais aussi ... ça sent le papier, le photocopieur, le fax ... ça sent le bureau! Je déteste ça!
5 **Mme Courcy:** Moi, je travaille à deux minutes de chez moi dans la boulangerie. C'est pratique, ça. J'aime bien. J'aime mes collègues et j'aime le travail. De temps en temps, on peut manger les gâteaux qu'on n'a pas vendus. C'est délicieux, ça!
6 **M. Chambert:** J'aime mes collègues. On raconte des blagues, on fait des bêtises, on va au café ensemble. Il est très important de s'entendre bien avec les autres employés, à mon avis.

Solution

1 N'aime pas: pas bien payé.
2 Déteste: collègues sont bêtes.
3 Aime: en plein air, peut organiser son temps.
4 N'aime pas: ennuyeux, ça sent mauvais.
5 Aime: pas loin de la maison, aime les collègues, mange les gâteaux.
6 Aime: aime les collègues.

ICT activity

Learning objectives
- to reinforce the language of the unit on jobs;
- to use a word processor to produce a piece of extended writing on people and their jobs based on notes, redrafting to improve accuracy.

1 The teacher provides students with the table below in electronic form:

NOM	OÙ	AVANTAGES	DÉSAVANTAGES
Mme Courcy	dans un magasin	• collègues gentils • pas loin • beaucoup de clients	• pas bien payé
Mme Chambert	dans un bureau	• bien payé	• ennuyeux • employés bêtes
M. Leblanc	dans un hôtel	• seulement les matins • pas loin • aime les collègues	• pas bien payé • doit nettoyer les salles de bains

unité 4   Il faut travailler!

2 Students then complete an extended piece of continuous writing using this language. You might like to provide key constructions you want students to use, e.g.

Mme ... aime son travail, parce que ... , mais ... M. ... n'aime pas son travail, parce que ...

8

Students prepare a reply to the e-mail. You may want to remind them of the importance of responding to **every** question which is asked in the stimulus – unless they do so they cannot gain a high mark for content. You may want to prepare this orally with your students before they attempt it in writing.

9 [CD2 track 6]

Four people talk about their preferences and students choose for each of them a job from the list.

Transcript
1 Pour moi, l'important, ce n'est pas l'argent – pas du tout. Moi, je voudrais un travail intéressant. Je ne veux pas travailler dans un bureau, je veux être en plein air.
2 Je ne suis pas intellectuel. J'aime travailler avec les mains. J'adore construire des choses. J'ai construit récemment un système hi-fi avec lecteur CD et minidisc.
3 Moi, je voudrais travailler avec des enfants, par exemple dans une école maternelle. J'aime les petits enfants de cinq ou six ans. Je veux leur apprendre à lire et à écrire. Ça, ce serait mon métier préféré.
4 J'ai l'intention de travailler avec des animaux. J'ai toujours eu des animaux domestiques – un chien, un chat, deux cobayes, beaucoup de phasmes. Je veux aller à l'université, bien sûr, mais après je veux travailler avec des animaux.
5 Pour moi, l'important est de devenir riche, d'avoir une grande maison, de conduire une grande voiture, d'avoir le respect de beaucoup de gens. Le genre de travail? Ce n'est pas important! L'important, c'est l'argent!

Solution
1 jardinier
2 mécanicien
3 institutrice
4 vétérinaire
5 homme d'affaires

Unité 4 Page 64

10 [CD2 track 7]

As Djamal begins a work placement he is given instructions and information by one of his superiors.
Worksheet 9 practises recognising *faux amis*.

Transcript
Employée: Bienvenue à APG Assurances. C'est votre premier jour ici chez nous et je voudrais vous donner quelques détails. D'abord, vos heures de travail. Elles sont de huit heures jusqu'à midi et puis de quatorze heures à dix-sept heures quarante-cinq. Bon, ben, voilà.
  Pour le déjeuner, vous pouvez manger à la cantine si vous voulez. La nourriture est bonne et pas chère. Beaucoup de vos collègues mangent là-bas tous les jours.
  Tous nos employés portent l'uniforme, c'est-à-dire la chemise bleu clair et la cravate bleu foncé. Vous l'avez déjà, oui ...
  Je veux vous rappeler qu'il est absolument interdit de fumer dans le bâtiment. On vous permet de fumer dans la cour – nous avons notre 'coin fumeur', mais attention – pas plus de cinq minutes, hein!
  Plus tard, je vais vous présenter le nouveau directeur de ventes – votre chef de section, Monsieur Albert. Je dois vous quitter maintenant. Je vous souhaite une bonne journée – un bon stage – chez nous!

Solution
1 c; **2** c; **3** a; **4** b; **5** b; **6** c

11

A task to consolidate vocabulary.

Solution
1 a; **2** a; **3** c; **4** c; **5** a; **6** b; **7** a; **8** b

Unité 4 Page 65

12

A simple writing task to consolidate vocabulary. As always with this type of Foundation Tier task, it may be worth reminding students, as in the **Tip**, that they will not gain credit for words written in English, such as 'telephone' or 'lamp'.

13

A three-part speaking task to consolidate vocabulary.
  In parts 1 and 3 students ask for the items shown. You could ask them to vary the structures, using, for example

Avez-vous ... ?   *Vous avez ... ?*
Est-ce qu'il y a ... ?   *J'ai besoin de ...*

  In part 2 students state what they want to do. Again, you could challenge them to think of a variety of structures to use, e.g.

Je voudrais envoyer un fax.
Envoyer un fax, c'est possible?
Est-ce que je peux envoyer un fax?

Worksheet 31 practises language for describing workplaces.
Worksheet 32 practises *du, de la, de l'*, etc. It may be useful for students to work through this before they attempt part 1.

unité 4 **Il faut travailler!**

Unité 4 Page 66

14

Students are asked to write a letter applying for work. You may want to prepare this orally before students attempt it in writing. Students should make sure they cover all the areas mentioned.

⬇ **Differentiation opportunity**

With lower attainers, you could feed them ideas with questions such as:

Quel est votre nom/votre nom de famille?
Quel âge avez-vous?
Vous habitez où?
Vous êtes de quelle nationalité?
Vous voulez commencer le travail quand?
Quelles dates exactement?
Vous voulez travailler dans le restaurant?
Vous aimez le travail dans un restaurant?
Vous aimez le travail en plein air?
Vous aimez travailler en équipe?
Vous voulez perfectionner votre français?
Vous avez déjà travaillé?
Vous avez un petit job ici?
Qu'est-ce que vous faites?

Unité 4 Page 67

15

Encourage students to make rough notes – bullet points or spider diagrams – to enable them to keep going. They should time one another and aim to speak for a full minute. They may also find it useful to record themselves on tape and listen critically to themselves and other students.
Worksheet 39 practises the conditional, which may be useful for this exercise.

16

As with the previous task, students should make notes and refer to these in order not to run out of things to say.
Worksheet 33 practises describing a day of work experience.
Worksheet 20 practises referring to the future.

⬆ **Differentiation opportunity**

You may like to challenge higher attainers not to start any sentence with the word *je*. This will force them to think of ways to vary their language.

Unité 4 Page 68

17

Students use the pictures and the words as a stimulus to talk about a day of work experience. Encourage them to add details of their own and to make their language as varied as possible.
Worksheet 33 practises describing a day of work experience.

⬇ **Differentiation opportunity**

With less confident students, you may want to go over some of the verbs which will be useful in this task, e.g.

J'ai quitté . . .
J'avais . . .
J'ai pris . . .
Je suis arrivé(e) . . .
J'ai fait la connaissance de . . .
J'ai parlé . . .
Elle a dit . . .
J'ai mis . . .
J'ai mangé . . .
J'ai bu . . .
J'ai aidé . . .
J'ai travaillé . . .
J'ai fini . . .

Unité 4 Page 69

18

Nathalie is hoping to find a part-time job in Paris. Students read the advertisements and supply the information required.

Solution
1 b; **2** b; **3** c; **4** a; **5** a; **6** b; **7** c

ICT activity

Learning objectives

- to reinforce the language of the unit on work with children;
- to further practise the use of the perfect tense;
- to use a word processor to draft and redraft text to improve accuracy.

1 Having completed exercise 18, students choose one of the jobs and write an account of what they did during their time with 'their family'.
2 The teacher provides headings to ensure coverage – hours, main tasks, ages of children.

⬆ Higher-attaining students should be asked to add details.
⬇ The work of lower-attaining students could be supported by a frame, e.g. *J'ai travaillé comme . . . Les enfants avaient . . . ans.*

Unité 4 Page 70

19

Providing answers in French is a complex task and students may find it useful to break it into smaller parts. First they should read the questions so they know what information they are looking for, then read the passage and find the information. Lastly, they put down the information in appropriate French.

Solution
1 l'huile d'olive
2 10 heures
3 Origny
4 travailler
5 clients
6 Origny

↑ ICT activity

Learning objective
- to scan authentic materials for detail

1 Preparation – the teacher checks the suggested website: www.france-au-pair.com
  This site contains descriptions of a range of working holidays for young people.
2 Students are given a series of headings under which they have to gather information on two or three jobs which appeal to them. Suggested headings are:
   - nature of work
   - minimum age
   - experience, aptitudes or skills required
   - minimum duration of job
   - location
   - working hours
   - pay
   - accommodation included?
   - any other information
3 Students then access the website, choose two jobs and find out as much about them as they can under the headings.

Unité 4 Page 71

20

This passage talks about an engineer with Air France. Students read the passage and the eight statements and note down which four of the statements correspond to the sense of the passage.

Solution
1, 3, 5, 8

Unité 4 Page 72

21 [CD2 track 8]

In role-play tests, students are often asked to cope with a question which they have not prepared beforehand. They need to be able to react confidently to unfamiliar and unpredictable language. This task presents them with the types of question they may face in a role-play around 'the world of work'. The better students cope with questions such as these, the better prepared they will be for the unexpected questions in the examination. You may want students to work from the printed questions in their book, or you may find it useful to play them the recording (or read the transcript yourself) so that they have to reply 'on the spot' without the advantage of seeing the printed questions.

The **Tip** reminds students about the French custom of giving telephone numbers in pairs of digits – you may find this a suitable opportunity to revise numbers with your students.

Worksheet 1 practises numbers in French.

Transcript
- Vous voulez parler avec qui?
- C'est de la part de qui?
- Pouvez-vous attendre un instant?
- Pouvez-vous me donner vos coordonnées, s'il vous plaît?
- Donnez-moi votre numéro de téléphone.
- Est-ce que vous pouvez épeler votre nom de famille?
- Je vous rappelle à quelle heure?
- Donnez-moi votre adresse e-mail, s'il vous plaît.

22 [CD2 track 9]

Students should pay particular attention to the last part of this role-play task – the ability to respond 'on the spot' to unprepared questions is important at the higher GCSE grades.

Transcript
- Oui, allô?
- Je regrette. Il n'est pas là en ce moment.
- Il sera là cet après-midi.
- C'est de la part de qui?
- Votre nom de famille, ça s'écrit comment?

Unité 4 Page 73

23

Students read the passage and the seven statements. They list the statements, according to the order in which they are mentioned in the passage.

Solution
5, 3, 4, 6, 1, 7, 2

unité 4 **Il faut travailler!**

Unité 4 Page 74

24

Students read the passage and fill the gaps in the statements, using words taken from the selection in the box. You may want to encourage them to use their grammatical knowledge in order to narrow the choices for each gap (see the **Tip**).

Solution
1 Le Festival de Cannes
2 marchands de vin
3 2 400
4 dégustent des vins
5 dînent ensemble
6 japonais
7 des États-Unis

25

A writing task in which students should be encouraged to put as much fun and creativity as possible into their choice of product and the wording of their advert.

ICT opportunity

The publicity poster could be completed using a desk-top publishing package with imported graphics.

It might be helpful for some classes if the teacher were to suggest further ideas, e.g.

- letter paper that can be eaten
- shampoo that smells of your favourite food
- socks with photos on

NB It is important in such activities that the students are given a time limit for the gathering of graphics and the work on design. The majority of the work should be linguistic.

unité 5
Découvertes: voyages, médias, problèmes

Grammar focus in this unit
- asking questions, making requests
- constructions with infinitives
- object pronouns
- perfect tense
- imperfect tense
- *il faut*, *devoir*
- *vouloir*
- referring to the future

Topics covered in this unit
- holidays: things to see and do
- accommodation on holiday
- media
- crime, drugs, social issues

In unit 5 a (fictional) magazine, *Vacances et Voyages*, plus several other media sources, provide the context for holiday language.

Unité 5 Page 75

1 [CD2 track 10]

A listening task to help students consolidate names of countries.
   Worksheets 22 and **23** practise nationality/country vocabulary which may be useful before students attempt this task.

Transcript
Sophie:
1 Moi, je voudrais bien visiter les États-Unis.
2 Moi, je voudrais bien visiter l'Australie.
3 Pour mes vacances cette année, je vais en Italie.
4 J'ai envie de voir le Mont Blanc, la montagne la plus haute des Alpes.
5 J'ai un correspondant au Burundi. Ce petit pays se trouve en Afrique.

Solution
1 c; **2** a; **3** b; **4** c; **5** b

Unité 5 Page 76

2

Another task for vocabulary consolidation. Students match each of the signs with the relevant symbol.

Solution
1 c; **2** b; **3** a; **4** c; **5** a; **6** b; **7** c; **8** b

Unité 5 Page 77

3

In this reading task students are asked to rank seven activities in order of their popularity, according to the passage. The **Tip** reminds them not to confuse *faire une promenade en bateau* with *se promener*. You may want to remind students about other 'false friends' (see **Worksheet 9**). Students should also look out for the construction *ne . . . que*, which can often cause difficulties for students at this level.
   Worksheet 35 practises *ne . . . que* as well as other constructions with *ne . . .*

Solution
a 2; **b** 5; **c** 3; **d** 7; **e** 4; **f** 1

ICT activity

Learning objectives
- further practice in reading and talking about holidays;
- to sort data and enter it appropriately on a spreadsheet or database;
- to present data in graphical form.

1 The teacher provides the students with paper copy of the results of a 'survey' (see below) in which people have been asked to state what they like doing on holiday.
2 Students enter the data. If using Excel, they have two headings – the hobby and the number of people who like it.
3 They then present this information as a pie chart or bar chart and use the chart as a stimulus for an oral presentation or for conversation.

unité 5 Découvertes

Survey:

Personne A	visiter château, visiter église, visiter cathédrale
Personne B	le cyclisme, faire de la natation, faire de la planche à voile
Personne C	se promener, faire de la natation
Personne D	visiter un restaurant, aller au cinéma
Personne E	se promener, visiter un restaurant
Personne F	faire une promenade en bateau, faire de la natation
Personne G	se bronzer, faire de la natation
Personne H	le cyclisme, faire de la natation, se promener
Personne I	visiter un restaurant, aller au cinéma, faire la cuisine
Personne J	visiter château, visiter église
Personne K	se bronzer, faire de la planche à voile
Personne L	visiter un restaurant, aller au cinéma, visiter château
Personne M	se bronzer, le cyclisme
Personne N	visiter un restaurant, se bronzer
Personne O	le cyclisme, faire une promenade en bateau, faire de la natation
Personne P	visiter église, visiter cathédrale
Personne Q	visiter église, visiter cathédrale, visiter un restaurant
Personne R	faire de la planche à voile, se promener
Personne S	faire de la planche à voile, faire une promenade en bateau, faire de la natation

4

This task gives students the chance to consolidate their written vocabulary in the context of holiday activities.

↑↓ Differentiation opportunity

↑ Challenge higher-ability students to think of, say, five items for each of the four categories, or to think of as many as they can within a given time limit.
↓ You could give support to lower attainers by means of initials for words which fall into the various categories ('Sport: F = football, T = tennis, G = golf, ...) and ask students to compete to see who can be the first to think of appropriate words.

Unité 5 Page 78

5

Encourage students to read the questions before they read the adverts so they have an idea of what to look for. In this type of task, the differences between *faux* and *pas mentionné* can be subtle, so a very detailed reading is necessary.

Solution
1 V; **2** F; **3** PM; **4** V; **5** PM; **6** V; **7** PM

Unité 5 Page 79

6

Students read the passage and fill the gaps in the five statements, choosing words from those given in the box.

Solution
1 château
2 contemporaine
3 séance/spectacle
4 quart
5 anglais

ICT activity

Learning objectives
- to practise the language of the unit (*ma région*)
- to use a word processor or desk-top publishing package to draft and redraft to improve accuracy.

1 The teacher provides (or students obtain) information on their own region (in English).
2 Using the material as a stimulus, students create their own advert for a local attraction based on the *Son et lumière* advert in exercise 6.

Unité 5 Page 80

7

Students read the information and the ten statements and correct the errors in the statements by altering a word or a number. Note that there is one error in each statement. It may be useful to reassure students that in tasks of this kind they are never expected to rely on general or cultural knowledge when giving their answers: it is always possible to find the answers in the text itself; no one is penalised for poor geographical knowledge, for example.

Worksheet 36 practises comparatives and superlatives.

Solution
1 L'Europe est le continent le **plus** urbanisé de la planète.
2 Soixante-dix-huit pour cent des habitants de l'UE vivent en **ville**.
3 Sept villes européennes ont plus de **deux** millions d'habitants.
4 Lisbonne est **moins** grande [*or* **plus petite**] que Rome.
5 Le centre-ville de Paris est à **3h** de Londres.
6 Le voyage de Paris à **Cologne** dure 4 heures. [*or* change 4 to **3**]
7 L'Eurostar va de Paris à **Bruxelles** en 1h25.
8 Il y plus de **155 000** km de chemins de fer en Europe.
9 Les langues de l'UE ont une origine **indo-européenne** commune.
10 En **Suède**, on utilise le mot «natti» pour nuit.

Unité 5 Page 81

8

Students read the passage and choose a, b, or c in each of the five statements.

Solution
1 a; **2** c; **3** b; **4** a; **5** b

Unité 5 Page 82

9

As students read the information about Strasbourg, they note whether the ten items shown are mentioned in the advert or not.

Solution
1 oui
2 oui
3 non
4 non
5 oui
6 non
7 non
8 non
9 oui
10 non

10

Students should be discouraged from using English words when mentioning shops ('Boots', 'Top Shop'), but should stick to French generic terms (*boulangerie, pharmacie*).

↓↑ Differentiation opportunity
↑ Higher attainers could be asked to produce not just a poster but an entire brochure for tourists. This could form a coursework project.
↓ Lower attainers could be asked to make a list of items of interest to tourists. You could offer support by giving them a series of initials and challenging them to think of suitable words to fit them (e.g. C = château, S = stade, etc.).

ICT opportunity
The brochure could be prepared using word-processing or a desk-top publishing package. The Internet could be used for pictures to download. Alternatively, pictures could be scanned and pasted in.

Unité 5 Page 83

11

For this task, students need to be clear about the difference between:

Est-ce qu'il y a . . . ?
Pour aller . . . ?
C'est à quelle distance, . . . ?

Many candidates fail to gain marks in GCSE examinations because they confuse these expressions.

In part 3, if they use *Je voudrais*, students may need to be reminded not to pronounce the *s*.

Worksheets 2 and **27** give practice in asking and understanding questions.

Unité 5 Page 84

12

Students use the words and pictures as an outline to help them prepare a report. When you have gone over this orally with students, it may be useful for them to produce their reports in written form.

Worksheet 9 gives a reminder of *faux amis*.
Worksheets 6 and **19** practise the past tense and using the expression *après avoir* + infinitive.

↑ Differentiation opportunity
You may want to challenge more able students to use *après avoir* + infinitive at least once (or perhaps more) in their reports, along with other phrases to enhance their French, such as:

Quelques instants plus tard . . .
Avant de . . .
Aussi vite que possible . . .
Sans hésiter . . .
À ma grande surprise . . .
Qui . . .
Parce que . . .

Unité 5 Page 85

13 [CD2 track 11]

This task allows students to practise understanding information about holiday accommodation in spoken form.

↓↑ Differentiation opportunity
You could ask for this information to be given either in English or, to provide a greater challenge to higher attainers, in French.

unité 5 Découvertes

Transcript

Paul: Quelle sorte de logement préfères-tu, Djamal?
Djamal: Moi, j'adore le camping. J'aime être en plein air, à la campagne ou au bord de la mer. J'aime être libre – si on n'aime pas un camping, s'il n'est pas du tout agréable, bon, ben, on en trouve un autre. Voilà.
Paul: Je suis d'accord avec toi, mais je ne sais pas si on peut persuader Patrick. Patrick, tu aimerais faire du camping?
Patrick: Ah, non, moi, je préfère loger dans un hôtel. Quand on fait du camping, il faut faire la cuisine, faire les lits, faire la vaisselle. Quand je suis en vacances, j'aime me reposer.
Paul: Qu'en dis-tu, Christine?
Christine: Pourquoi pas aller à une auberge de jeunesse? Moi, j'aime les vacances à la campagne. J'aime faire les randonnées. Je trouve les campings un peu, un peu . . . trop primitifs . . . Dans une auberge de jeunesse, on dort dans un lit, on mange de bons repas, on peut prendre une douche – c'est bien à mon avis.
Paul: Et toi, Louise? Quelle sorte de logement préfères-tu pour les vacances?
Louise: Je loue un appartement avec mes amis. Quatre jeunes femmes dans un appartement – on fait ce qu'on veut. Faire la cuisine? Non, on va au restaurant. Faire la vaisselle? Pas du tout – on achète des assiettes en papier et des tasses en plastique, puis on les jette. Le soir, on va à une boîte, et on dort pendant la journée. Voilà – les vacances idéales.

Solution
1

Name	Accommodation	Reason
Djamal	Campsite	Likes freedom and open air
Patrick	Hotel	Wants to avoid chores – likes to rest
Christine	Youth hostel	Likes countryside – finds campsites too primitive
Louise	Flat	With friends – do as they like

2 See transcript – allow one mark for each correct detail given.

14

A matching exercise to consolidate vocabulary. You may want to ask higher-attaining students to brainstorm as many other words as they can think of related to this topic within a given time limit.
Worksheet 38 practises language to do with holiday accommodation.

Solution
1 a; **2** c; **3** e; **4** j; **5** d; **6** h; **7** i; **8** f

Unité 5 Page 86

15 [CD2 track 12]

Students listen to the recorded extracts and choose the right symbol for each of them.

Transcript

1 Je voudrais réserver une chambre, s'il vous plaît – une chambre pour deux personnes.
2 Avez-vous un emplacement pour une tente?
3 Où sont les lavabos? Par ici, à gauche?
4 Ma chambre est au cinquième étage. Est-ce qu'il y a un ascenseur?
5 Le boulanger visite tous les jours à huit heures et demie. Vous entendrez le klaxon.
6 Vous voulez une chambre avec douche, madame?
7 Est-ce qu'on peut louer des vélos ici?
8 Est-ce qu'il y a une table de ping-pong à ce camping?

Solution
1 a; **2** c; **3** a; **4** b; **5** b; **6** b; **7** a; **8** c

ICT activity

Learning objectives

- to use a word-processed model to practise booking a campsite;
- to produce a fair-copy letter under test conditions.

1 The teacher provides a model word-processed letter for booking a pitch on a campsite. Students are also given three different scenarios, e.g. 4 nuits   deux adultes   trois enfants   petite tente
2 Students use the model to write three new letters.
3 Students produce under timed conditions a final letter based on a new scenario.

16

This task prepares students to cope confidently with role-plays on the subject of holiday accommodation.

♦ Differentiation opportunity

You could challenge higher-ability students to think of constructions other than *Je voudrais* with which to introduce their requests. (*Avez-vous . . . ? Est-ce que vous avez . . . ? J'ai besoin de . . . , Nous voudrions . . . , On a besoin de . . .*)

Unité 5 Page 87

17

A simple Foundation Tier writing task to consolidate vocabulary.

unité 5 Découvertes

↑ Differentiation opportunity
Higher attainers could make longer lists or compete with each other to come up with as many items as possible within a given time limit.

18
This task allows students to practise asking for accommodation at a campsite. You may want to ask students to follow up in writing when they have worked through the task orally.

Unité 5 Page 88

19
A task to consolidate vocabulary. You may want to draw students' attention to the 'false friend' *plats* in question 5. Many GCSE candidates fail to gain marks because they assume it means *plates*.

Solution
1 c; **2** c; **3** b; **4** a; **5** c; **6** c; **7** c; **8** a; **9** a; **10** a

20
You could prepare this task orally with students before they attempt it in writing.
Worksheet 10 practises useful phrases for writing letters.
Worksheet 34 practises using *il faut* and *devoir*.

↓ Differentiation opportunity
You could 'feed' ideas to lower attainers by means of leading questions, such as:

Moi, j'ai perdu un portefeuille, et vous?
Il y avait de l'argent dedans, n'est-ce pas?
Je l'ai perdu à l'hôtel, et vous?
Je l'ai laissé dans la chambre, et vous?
Je l'ai perdu la semaine dernière, et vous?

Unité 5 Page 89

21
Encourage students to be imaginative and creative but also to pay close attention to the accuracy of what they write. In particular you may want to go over any verbs which students may find useful.

↑ Differentiation opportunity
You could challenge higher attainers to avoid using any sentences consisting of a single clause, but instead to link clauses with words such as *parce que, qui, après avoir, pour, pour ne pas, quand, pendant que*, etc.

Unité 5 Page 90

22
This task allows students to meet both familiar and unfamiliar language in a new context. As always in gap-fill tasks, the grammatical context can be used to eliminate certain words each time, so students need to think about grammar as well as vocabulary.

Solution

1 fleuve		**6**	Cambodge
2 kilomètres		**7**	Viêtnam
3 mer de Chine		**8**	que
4 Laos		**9**	nom
5 Thaïlande		**10**	habitent

Unité 5 Page 91

23 [CD2 track 13]
Students listen to Amélie's advice about safety while travelling and make notes on what she says about certain topics. You may want to point out that they should only note down what Amélie actually mentions. If they add anything which is not on the recording they run the risk of losing marks because of distortion, even if the other things which they mention are in fact correct.

Transcript
Amélie: Oui, oui, bien sûr, il y a des risques si on voyage seul, mais moi, j'adore ça. On rencontre toujours des gens intéressants et on fait la connaissance d'un pays et d'un peuple. Pour éviter les problèmes? Euh, bien, ça dépend du pays. Dans certains pays ou dans certaines villes, je ne sortirais jamais seule le soir, par exemple.
Et il faut être prudent en ce qui concerne les boissons. L'eau n'est pas comme l'eau en France ou dans les autres pays d'Europe. Dans plusieurs pays on serait bête de boire de l'eau ou de prendre des glaçons quand on commande une boisson dans un café.
Aussi il est important d'être habillée d'une manière appropriée, par exemple dans les pays musulmans ou bouddhistes.
Apprendre quelques mots de la langue – ça, c'est très utile: «merci», «s'il vous plaît» – les petits mots de politesse, hein?
Moi, je ne porte jamais de baladeur – ça pose trop de risques. On ne peut pas entendre un agresseur qui approche. Si vraiment on vous attaque il faut crier! Mais criez «Au feu, au feu!» Tous les passants vont regarder parce qu'ils sont curieux! Et ils vont vous aider.
Quand je voyage dans les pays du tiers monde je prends des crayons, beaucoup de crayons. Je les donne aux petits enfants qui m'approchent en demandant de l'argent.
Et ça va de soi – on ne doit jamais, jamais porter de drogues ou essayer d'en acheter ou d'en vendre. Ça, ce serait idiot!

unité 5 Découvertes

Solution
1 Water is not like in Europe; in several countries, don't drink the water, and don't have ice in drinks.
2 Dress appropriately if you are in a Muslim or Buddhist country.
3 It's important to know a few words for the sake of politeness – thank you, please.
4 Shout 'fire!' to attract attention.
5 Take plenty of pencils and crayons to give them.
6 Never carry any drugs or try to buy or sell any.

24 [CD2 track 14]

Students prepare answers to these questions. Their answers, if put together, could form the basis for an oral 'presentation' such as is required by some awarding authorities.
Worksheet 20 practises talking about the future.
Worksheet 39 practises the conditional.

Transcript
- Où êtes-vous allé en vacances l'année dernière?
- Avec qui êtes-vous allé?
- Où avez-vous logé?
- Combien de temps êtes-vous resté là?
- Qu'est-ce que vous avez fait?
- Qu'est-ce que vous avez visité?
- Quel temps a-t-il fait?
- Est-ce que vous avez aimé ces vacances?
- Que pensez-vous de la région?
- Est-ce que vous voulez retourner un jour?
- Quels sont vos projets pour les vacances cet été?
- Quelles seraient vos vacances idéales?

Unité 5 Page 92

25

Students read the seven statements and choose one of the sections to match each of them.

↑ Differentiation opportunity

You could challenge higher-ability students to write further statements along similar lines and to ask others in the class to find which sections they match.

Solution
1 Section 3
2 Section 13
3 Section 8
4 Section 14
5 Section 7
6 Section 4
7 Section 12
8 Section 11

Unité 5 Page 93

26 [CD2 track 15]

Four people talk about how they use the Internet.

This passage introduces some quite complicated French and is delivered at quite a rapid pace. Students need not try to understand every word but they do need to listen for detail if they are to discern the subtle differences between the various options.

Transcript
André: Internet? Ah bien sûr, je m'en sers tous les week-ends. Si je veux des nouvelles sur la musique, sur les concerts, c'est très facile par Internet. Je trouve beaucoup de musique sur Internet et c'est beaucoup plus facile que d'aller en ville pour acheter des CD. Je trouve aussi des informations sur les concerts qui vont avoir lieu et je réserve les tickets par Internet. C'est très facile.
M. Vierny: Je cherche tous les jours les informations financières. Je trouve beaucoup d'informations sur Internet sur les affaires financières. De temps en temps j'achète des livres par Internet. C'est facile et c'est moins cher que les magasins en ville. Mais lire les journaux en ligne? Jamais! Moi, j'aime la tradition. J'aime lire mon journal en prenant le petit déjeuner ou dans mon café.
Christine: Moi aussi, j'aime la tradition mais récemment je devais voyager à Grenoble et j'ai trouvé des informations sur les trains sur Internet et j'ai même acheté mon billet en ligne. C'était vraiment facile! J'ai trouvé aussi un plan de la ville et j'ai pu trouver mon hôtel sans aucune difficulté. J'espère réserver un gîte par Internet pour mes vacances d'été.

Solution
1 b; 2 b; 3 a; 4 a; 5 c; 6 c

Unité 5 Page 94

27 [CD2 track 16]

Students practise understanding French spoken at speed. As they listen to the passage they note down, from the list, the five topics mentioned.

Transcript
Homme: Dans 'M' Magazine ce mois-ci, j'aime être tout le temps en forme. Sports, sommeil, alimentation . . . avec 'M' je suis . . .
Femme: Insupportable!
Homme: J'aime faire mes courses en quinze minutes pour une semaine de bons petits plats.
Femme: N'oublie pas les huîtres, mon chéri!
Homme: J'aime aussi dans 'M' Magazine trouver les cinquante secrets intimes de mes copines.
Femme: Et en plus, ce que les femmes ignorent, elles aussi!
Homme: 'M' Magazine, le magazine pour bien vivre au masculin. Trois euros seulement.

Solution
a, e, f, i, j

unité 5 **Découvertes**

28 [CD2 track 17]

In this extract from a television programme, people talk about social problems in their locality. As they listen, students put the statements in the order in which they are mentioned in the passage.

Transcript

Présentateur: Bienvenue à «À vous de parler», l'émission où c'est vous, les spectateurs, qui donnez votre opinion! Aujourd'hui on parle des problèmes sociaux de notre région, et nous avons quatre invités qui vont nous parler. D'abord, c'est Martine. Martine?

Martine: À mon avis, le plus grand problème, sans doute, c'est le chômage. Les jeunes gens quittent le collège et il n'y pas de travail pour eux. Pour les personnes bien qualifiées – pas de problème, mais pour les jeunes qui quittent l'école à seize ans, pff, c'est un grand problème chez nous.

Présentateur: Merci, Martine. Et l'invité suivant, c'est Éric. Quels sont les problèmes sociaux dans votre ville, Éric?

Éric: Euh, euh, c'est, c'est, c'est l'alcool, je crois. Les gens qui boivent trop d'alcool – le vin, la bière, le whisky . . . même les jeunes. Le plus dangereux, c'est l'alcool et la voiture. Boire et conduire, ça cause beaucoup, beaucoup d'accidents. C'est un très grand problème.

Présentateur: C'est très grave, bien sûr. Mais que pensez-vous, Nicolas?

Nicolas: Oh, oui, mais moi, je pense que le problème social le plus grave, c'est le problème des personnes âgées qui habitent seules. Le mari est mort, la femme est morte, les enfants habitent loin d'eux – ou ils n'ont pas d'enfants. Personne ne s'occupe d'eux. C'est vraiment triste. J'ai entendu parler d'une femme dans notre ville. Elle était morte dans son appartement et personne ne l'a su. Les voisins n'ont pas su pendant cinq jours! Cinq jours elle était morte dans son appartement!

Présentateur: Oui, c'est vraiment choquant, en effet. Et maintenant, notre dernière invitée, c'est Fatima. Quels sont les problèmes sociaux dans votre région, Fatima?

Fatima: Je pense que c'est le problème des enfants, euh, euh, des parents qui ne s'occupent pas de leurs enfants. Ils sont trop pressés, ils ont trop de travail. Les enfants doivent rester seuls à la maison, on ne prépare pas de repas pour eux, ils passent des heures et des heures devant la télévision . . . Les parents doivent respecter leurs enfants, à mon avis.

Présentateur: Bon, merci, Fatima, et merci à tous. Et maintenant, on va en parler avec . . .

Solution
f, d, h, e, b, g, c, a

Unité 5 Page 95

29

Students could use what they heard in the previous exercise as they formulate answers to the questions posed here. You may also want to 'feed' ideas by means of leading questions. Students' work on this task could form the basis for a piece of coursework.

30

Students should be encouraged to make brief notes or spider diagrams to ensure that they can 'keep going' for at least one minute. Their notes could be in the form of topic headings, or they may find it more useful to jot down key grammatical structures which they intend to incorporate.

Unité 5 Page 96

31

Students read the passage and answer the questions in English. The **Tip** draws their attention to a number of words which may be unfamiliar but which can easily be deduced from their English equivalents. As students learn to do this, their confidence in handling unfamiliar language will increase.

Solution
1 They are looking for kicks ('*sensations fortes*').
2 By 33.6%.
3 In Paris they have decreased slightly.
4 In summer or busy periods, and during big events.
5 To prevent disorganised groups from becoming real gangs.
6 Conductors (ticket checkers) and ticket-office staff.

32

Students are asked to give a report about a crime. You may want to prepare this orally with students before they tackle it in writing. Draw their attention to the fact that they need to use the imperfect tense when giving descriptions of the people involved but the perfect tense when talking about the action itself.

Worksheet 14 practises adverbial phrases.
Worksheet 40 practises pronouns, useful for phrases such as 'I saw him', 'he took it'.

Unité 5 Page 97

33

Students read the Internet article and the seven statements, choosing, each time, the correct word or phrase from those offered.

Solution
1 rats
2 bouteilles
3 la directrice de la prison
4 l'accompagne à sa voiture
5 peur de rencontrer
6 animal
7 habitent

© John Murray   **Teacher's Resource Book 2**

unité 5 Découvertes

Unité 5 Page 98

34

Students read the magazine article and match up the sentence 'halves'. As the **Tip** suggests, students could use their grammatical knowledge to narrow the choice each time.

Solution
1 d; **2** e; **3** a; **4** f; **5** c; **6** g

Unité 5 Page 99

35

Students read the article about animals under threat and answer the questions in English.

↓ **Differentiation opportunity**
To give support to lower attainers, you could make up multiple-choice answers to each question.

Solution
1 bears
2 It has almost died out.
3 traditional Chinese medicine
4 feet/paws
5 deforestation
6 They have doubled.
7 chemical pollution and climate disturbances

ICT activity

Learning objectives
- to further practise reading about holidays;
- to scan authentic materials for detail;
- to use search strategies for an effective search on the Internet.

1 Preparation – the teacher checks the suggested website: fr.travel.yahoo.com.
2 Students are given a scenario, e.g. deux adultes / aiment l'Espagne / un week-end en été.
3 If available, use a computer and a large screen or an interactive whiteboard to show the class the 'way round' the website.
4 Students see what holiday they can find for 'their family'. They note down destination, price, date and any other relevant details.

unité 6
On écoute

Foundation Listening
Pages 100–102

LF1 Transcript [CD2 track 18]
1 Passe-moi le fromage, s'il te plaît.
2 Pour aller au marché, c'est loin?
3 Quelle heure est-il?
  Quatre heures vingt-cinq.
4 Où est le dentifrice?
5 Est-ce que je peux prendre une douche maintenant?
6 Moi, je n'aime pas du tout le poisson.
7 Hé, attention! C'est interdit aux cyclistes!
8 Est-ce que tu as un ordinateur dans ta chambre?
9 Prenez la deuxième rue à gauche.
10 Mets les assiettes dans le placard, s'il te plaît, Herbert.
11 On va à la patinoire ce soir, Martine?
12 Tu as vu ma serviette, André?
13 Le prochain bus pour Wimereux part à quelle heure?

Solution
1 a; 2 c; 3 b; 4 a; 5 c; 6 c; 7 b; 8 a; 9 c; 10 b; 11 c; 12 c; 13 a
[12 marks, one for each answer except the example. C = 10]

LF2 Transcript [CD2 track 19]
Interviewer: Numéro 1. Qu'est-ce que tu aimes porter, Babette?
Babette: Ce que j'aime porter, c'est ma robe longue. Je l'ai achetée l'année dernière pour la fête de ma sœur Marie. Elle a coûté très cher mais elle est très belle.
Interviewer: Numéro 2. Qu'est-ce que tu aimes porter, Frédérique?
Frédérique: Oh, moi, je ne sais pas. Mon short, je suppose. Oui, en été, à la plage, j'aime porter un short.
Interviewer: Numéro 3. Qu'est-ce que tu aimes porter, Françoise?
Françoise: J'ai un chapeau que m'a donné ma grand-mère il y a trente ans. Je le porte rarement mais il est très chic!
Interviewer: Numéro 4. Qu'est-ce que tu aimes porter, Éric?
Éric: Moi, je porte tout le temps un jean. C'est mon vêtement préféré.
Interviewer: Numéro 5. Et toi, Arnaud?
Arnaud: Moi, je n'aime pas du tout porter une cravate mais j'aime porter un T-shirt. Je trouve ça relaxant.
Interviewer: Numéro 6. Qu'est-ce que tu aimes porter, Christelle?
Christelle: Mes baskets américains. Mon oncle les a achetés aux États-Unis.
Interviewer: Numéro 7. Et toi, Martin?
Martin: Moi, j'adore faire du ski. Je suis heureux quand je mets mes bottes et mes skis pour une journée sur la piste.

Solution
1 c; 2 a; 3 i; 4 b; 5 d; 6 h; 7 g
[6 marks, one for each answer except the example. C = 5]

LF3 Transcript [CD2 track 20]
1 Pour aller au Cinéma Lumière, s'il vous plaît?
  C'est ici. Prenez la première rue à gauche, et puis, c'est sur votre gauche.
2 Excusez-moi. Où se trouve la place du marché?
  La place du marché? Allez tout droit. Tout droit. Tout droit.
3 Où est la gare routière, s'il vous plaît?
  Pour la gare routière, prenez la première rue à droite, et puis allez tout droit.
4 Excusez-moi. Je cherche une pharmacie.
  Pour la pharmacie prenez la deuxième rue à droite. La pharmacie se trouve en face de la Poste.
5 Pouvez-vous m'aider? Je cherche le bureau des objets trouvés.
  Pour ça il faut prendre la deuxième rue à gauche. Vous le trouverez à côté d'une banque.
6 Est-ce qu'il y a une boulangerie près d'ici?
  Prenez la première rue à gauche. Puis c'est sur votre droite, en face du cinéma.

Solution
1 i; 2 a; 3 h; 4 c; 5 b; 6 g
[5 marks, one for each answer except the example. C = 4]

LF4 Transcript [CD2 track 21]
Interviewer: Tu aimes le sport, Marie-Lise?
Marie-Lise: J'aime le badminton et le ping-pong. Et toi, Jean-Paul?
Jean-Paul: Moi, j'aime assez le football. On joue au volleyball à l'école, mais moi, je n'aime pas ça tellement. Et toi, Jérôme?
Jérôme: Moi, j'aime tous les sports. Je fais régulièrement du vélo. J'aime aller à la pêche de temps en temps. C'est relaxant, à mon avis. Que penses-tu, Janine?
Janine: Mon sport préféré, c'est l'équitation. Mais en hiver j'aime faire du ski. Ma famille et moi, nous allons en février aux Alpes pour faire du ski.
Interviewer: Quels sports aimes-tu, Pierre?
Pierre: J'aime jouer au tennis. J'aime regarder la boxe. C'est mon sport préféré.

Solution
1 table-tennis
2 volleyball

unité 6 On écoute

3 fishing
4 horse-riding
5 the Alps
6 boxing

[5 marks, one for each answer except the example. C = 4]

LF5 Transcript [CD2 track 22]

1 Excusez-moi. Je cherche la gare SNCF. C'est loin d'ici?
2 Nous voulons louer un bateau pour aller à la pêche. C'est possible?
3 Il y a une patinoire ici?
4 L'aéroport, c'est à quelle distance du centre-ville? Il faut combien de temps pour y aller?
5 Est-ce qu'il y a une piscine ici?
6 Le musée du fromage, ça ouvre à quelle heure aujourd'hui?
7 Il y a une visite guidée de la cathédrale?
8 Je cherche une librairie. Où se trouve la 'Maison de la Presse'?
9 Pouvez-vous m'aider? Quel est le jour du marché?

Solution
1 c; **2** j; **3** e; **4** b; **5** h; **6** a; **7** k; **8** d; **9** f
[8 marks, one for each answer except the example. C = 7]

LF6 Transcript [CD2 track 23]

1 **Valérie:** Moi, j'adore les frites. J'en mange au moins cinq fois par semaine. Je déteste la salade. Je ne mange de la salade que rarement.
2 **Annie:** Mon plat préféré, c'est le poisson, surtout la truite. J'adore ça. Je n'aime pas les spaghettis – les pâtes, pouah!
3 **Jean-Luc:** Moi, je mange beaucoup de fruits. J'adore ça. Une bonne salade de fruits, c'est super! Je n'aime pas les hamburgers. Je ne mange jamais chez Macdo.
4 **Thierry:** Moi, je n'aime pas du tout les choux de Bruxelles. Les autres légumes – ça va. J'adore le chou-fleur mais les choux de Bruxelles, non merci!
5 **Patricia:** Moi, j'adore le chocolat. Tout ce qui est au chocolat, j'adore. Mais je ne mange pas l'ail. Oh ça, c'est horrible!
6 **Damien:** Moi, je suis végétarien. Je ne mange pas du tout de viande. Le bœuf, le porc, les saucisses, je n'en mange pas du tout. C'est interdit. Ce que j'adore, c'est la tarte au citron. J'en mange le plus possible!

Solution

Nom	Aime …	N'aime pas …
1 Valérie	Frites	Salade
2 Annie	Poisson	Spaghettis (pâtes)
3 Jean-Luc	Fruits	Hamburgers
4 Thierry	Chou-fleur	Choux de Bruxelles
5 Patricia	Chocolat	Ail
6 Damien	Tarte au citron	Viande

[10 marks, one for each answer except the examples. C = 8]

Intermediate Listening
Pages 103–105

LI1 Transcript [CD2 track 24]

Oui, allô, oui, c'est de la part de Maurice Vergis à Rouen. Je répète, Maurice Vergis. Ça, c'est V-E-R-G-I-S. Je veux confirmer notre rendez-vous pour samedi matin, le 22 mars. Devant l'hôtel de ville, pas loin de la gare. Vous me reconnaîtrez facilement. Je vais porter un pantalon jaune et une chemise rose. J'aurai aussi un sac en cuir, un petit sac brun avec de l'argent. Je vais porter à la main ce plan de la ville que vous m'avez envoyé.

S'il y a un problème vous pouvez me contacter. Mon numéro de téléphone, c'est le 03.16.61.71.95. Voilà. À bientôt.

Solution
1 c; **2** c; **3** b; **4** b; **5** c; **6** a; **7** c
[6 marks, one for each answer except the example. C = 4]

LI2 Transcript [CD2 track 25]

Interviewer: Qu'est-ce que tu as dans ta chambre, Xavier?
Xavier: Dans ma chambre, j'ai mon ordinateur. Je passe des heures et des heures devant l'écran. J'aime surfer sur Internet. J'ai voulu un poste de télévision mais … mes parents ne l'ont pas permis. J'ai mon lecteur de CD. J'ai une assez grande collection de CD … euh, cinquante, je crois. J'aime surtout la musique rock. Mon artiste favori, c'est Damien Albert, pff, guitariste extraordinaire! Et puis, euh, j'ai mon lit, bien sûr, j'ai une petite table avec mon réveil, et une armoire. C'est tout. Voilà.
Interviewer: Et toi, Caroline?
Caroline: J'ai beaucoup de photos de mes copines, et de mon lapin Simon – il est adorable. J'ai des posters – de chevaux, pour la plupart. Mes rideaux sont bleus et verts. Le mur est en bleu. Ma porte, je l'ai peinte moi-même: rayée – multicolore – comme un arc-en-ciel. C'est super! J'aime beaucoup ma chambre!

unité 6   On écoute

Solution

	1	2	3	4	5	6	7	8	9	10	11
Mentionné par Xavier	✓	✓					✓	✓	✓		✓
Mentionné par Caroline			✓		✓					✓	
Pas mentionné				✓		✓					

[10 marks, one for each answer except the example. C = 7]

LI3 Transcript [CD2 track 26]

Femme: Bof, les vacances, c'est nul! Un mauvais temps toute la semaine!

Lundi, il a fait froid. Nous sommes restés dans la caravane toute la journée. J'ai lu un roman, un roman de Max Albert. C'était ennuyeux!

Mardi matin, il a plu. Mardi après-midi, il a plu. Nous avons joué au Scrabble. Mon frère a gagné. Moi, j'ai perdu.

Mercredi, il a fait du brouillard, oui du brouillard! Nous sommes allés en ville pour faire du shopping. Je n'ai rien acheté parce que tout était si cher.

Jeudi, la neige a commencé à tomber. Elle est tombée toute la matinée. Nous sommes allés au café. J'ai bu un grand chocolat chaud. Hmm, c'était pas mal, ça.

Vendredi – encore de la pluie. Il a plu toute la journée. Nous avons fait quand même le tour de la région à vélo. Nous étions trempés jusqu'aux os! Mais – bof – c'était notre dernier jour.

Solution

Jour	Temps	Activité
lundi	c	6
mardi	d	4
mercredi	a	2
jeudi	b	1
vendredi	d	3

[8 marks, one for each answer except the examples. C = 6]

LI4 Transcript [CD2 track 27]

Louise: Moi, je n'aime pas du tout aller chez le dentiste. J'en ai peur! À mon avis, on devrait éviter de manger trop de sucre, et puis on n'aurait pas besoin d'aller chez le dentiste.

Franck: Au contraire. Même si on mange bien, il faut aller régulièrement chez le dentiste. Il est important qu'il t'examine les dents et la bouche pour savoir qu'il n'y a pas de problèmes.

Gilbert: À l'âge de dix ans, j'ai eu un plombage. Depuis j'ai horreur de tous les dentistes. Je n'y vais jamais.

Lisa: Mon problème, c'est que le dentiste essaie de parler avec moi lorsqu'il travaille. Il me pose des questions mais il est impossible de répondre quand on a la bouche ouverte. Im-po-ssible de par-ler . . . De plus, il me pose les doigts sur la joue, c'est pas du tout confortable!

Alain: Moi, j'ai eu un accident de route il y a, euh, trois ans, et la dentiste, elle était vraiment super. Elle a fait tout le nécessaire pour me reconstruire les dents. J'ai visité, euh, sept, huit fois et elle était toujours très gentille, très patiente avec moi.

Dominique: Moi, je ne supporte pas le son de la turbine. Pouah – et j'ai horreur des piqûres.

Solution

1 **a** Gilbert
   b Louise
   c Alain
   d Dominique
   e Lisa
   f Franck
   g Alain
2 Alain

[7 marks, one for each answer except the example. C = 5]

LI5 Transcript [CD2 track 28]

Mélanie: Oui, oui, j'ai commencé mes leçons de conduite. J'ai eu ma première leçon en mai. Je vais deux fois par semaine à l'auto-école. Mon professeur s'appelle Monsieur Passy. Il est très très patient – c'est nécessaire!

Ma propre voiture? Ah, non, non, non, pas encore. Je n'ai pas l'argent, hein. Plus tard, peut-être. Hmm, ça serait bien.

Mon père conduit depuis trente-deux ans. Il m'a dit que conduire une voiture, c'est plus difficile maintenant parce qu'il y a tant de circulation.

Je ne trouve pas ça tellement difficile, mais j'oublie toujours le rétroviseur. Regarder dans le rétroviseur, c'est important! Les vitesses, les freins – pas de problème, mais ce que je n'aime pas: les carrefours sans feux. Les véhicules viennent de toutes les directions. À ces moments-là, j'aimerais avoir des douzaines d'yeux pour regarder partout!

Solution

4, 1, 6, 7, 3, 2, 5
[7 marks, one for each answer. C = 5]

LI6 [CD2 track 29]

You may want to revise the different types of television programme with your students before they attempt this task. For their answers they only need write the names of the speakers.

© John Murray   **Teacher's Resource Book 2**

unité 6 — On écoute

Transcript

Interviewer: Est-ce que tu regardes beaucoup la télé, Jérôme?

Jérôme: Je regarde beaucoup la télévision. J'adore les émissions de sport. La Formule 1, c'est passionnant. Je regarde ça chaque semaine. J'aime assez les films policiers, les films américains, mais je déteste les documentaires. Et la politique, c'est ennuyeux à mon avis.

Interviewer: Tu regardes souvent la télévision, Sandrine?

Sandrine: Moi, j'aime les feuilletons. Je les trouve vraiment relaxants. J'ai beaucoup aimé les feuilletons anglais – je les ai regardés l'année dernière quand j'ai passé deux semaines chez ma correspondante Sue à Portsmouth. Elle regardait les feuilletons au moins trois fois par jour! C'était incroyable! Moi, chez moi je regarde la télé une heure par jour maximum.

Interviewer: Et toi, Annie?

Annie: Moi, je regarde tous les jours les informations et j'aime les documentaires, surtout les émissions politiques. Pour moi il est important d'être bien informée. Il faut être au courant en ce qui concerne l'économie, les problèmes sociaux – le racisme, les problèmes des jeunes et tout ça.

Interviewer: Que penses-tu, Martin?

Martin: Moi, je n'ai pas le temps de regarder la télévision parce que j'ai trop de devoirs. Mais je suis fana des émissions de science-fiction. J'adore «Star Trek» et j'ai beaucoup aimé «L'Univers Perdu».

Solution

1. Martin
2. Sandrine
3. Annie
4. Jérôme
5. Sandrine
6. Jérôme
7. Martin
8. Sandrine
9. Annie

[8 marks, one for each answer except the example. C = 6]

Higher Listening
Pages 106–109

LH1 Transcript [CD3 track 1]

Interviewer: Alors, Monsieur Merchet, vous avez un téléphone portable?

M. Merchet: Oui, j'en utilise deux, un GSM pour l'Europe et l'Asie, et un autre pour les États-Unis. Mais j'ai des problèmes au Japon ou en Corée, où ni l'un ni l'autre ne fonctionne. Alors j'en emprunte un troisième.

Interviewer: Vous voyagez beaucoup alors?

M. Merchet: Je suis 80% du temps hors du bureau et la combinaison du téléphone et de l'ordinateur portable représente pour moi un grand progrès. Ma secrétaire peut me transférer des appels partout dans le monde. C'est comme si j'étais dans le bureau d'à côté. Le portable permet aussi de ne pas m'énerver quand les avions sont en retard.

Interviewer: Vous vous servez d'un agenda électronique?

M. Merchet: Mais oui. J'ai un Psion 3 – la simplicité d'emploi, c'est merveilleux. Je n'ai jamais ouvert la brochure. Démarrage en deux secondes, trois mois de fonctionnement avec deux piles. Je m'en sers comme agenda, calculatrice, carnet d'adresses et réveil.

Interviewer: Et Internet?

M. Merchet: Professionnellement, Internet me donne un accès immédiat à la documentation de mes clients et de mes fournisseurs. Mon usage personnel d'Internet est limité à la recherche d'informations – par exemple, les musées et les expositions dans les villes où je vais, et de temps en temps je passe des commandes pour des livres en langue anglaise. C'est très pratique, ça.

Solution

1 h; **2** b; **3** e; **4** f; **5** a; **6** c

[5 marks, one for each answer except the example. A = 4]

LH2 Transcript [CD3 track 2]

Animateur: As-tu déjà essayé d'ouvrir une moule ou une huître bien fermée sous l'eau? Mission impossible! Les scientifiques américains étudient les propriétés de la colle produite par les moules. Elle est exceptionnelle. Elle n'est pas attaquée par l'eau et accroche même à basse température, et ils envisagent d'en produire en grande quantité! Cette colle sera très utile pour les réparations de bateaux. Les dentistes seraient également intéressés. Un seul problème: il faudrait récolter des centaines de milliers de moules pour remplir un seul tube. Les chercheurs ont trouvé la solution: ils vont se servir des dernières techniques de la biologie. Ils vont cloner les mollusques. Demain, pour réparer les pneus de ta bicyclette, auras-tu de la colle de moule?

Solution

1. impossible
2. Américains
3. colle
4. réparer
5. dentistes
6. centaines
7. cloner

[7 marks, one for each answer. A = 4]

LH3 Transcript [CD3 track 3]

Interviewer: Quels seront les plus grands problèmes du 21ème siècle? Nous avons posé cette question à plusieurs élèves du lycée St-Matthieu. D'abord, Didier.

Didier: Sans doute le plus grand problème du 21ème siècle sera la pollution. Si les gouvernements des pays développés ne réussissent pas à trouver des mesures pour combattre la pollution de l'atmosphère, ça sera la mort de la planète à mon avis.

Interviewer: Que penses-tu, Philippe?

unité 6 On écoute

Philippe: Je suis tout à fait d'accord avec Didier. L'effet de serre, c'est un problème qui augmente tous les jours. Les changements climatiques apporteront de grands problèmes, surtout pour les gens des pays en voie de développement, par exemple en Asie ou en Amérique du Sud.
Interviewer: Et toi, que penses-tu, Jacqueline?
Jacqueline: Les conditions de vie dans le tiers monde où beaucoup de gens n'ont pas accès à l'eau potable, ça, c'est pour moi le plus grand problème. Aussi la surpopulation. Pour éviter ça, nous aurons besoin d'éducation, mais la plupart des habitants des pays les plus pauvres n'ont justement pas accès à l'éducation. N'est-ce pas, Aziz?
Aziz: À mon avis, les plus grands problèmes seront les problèmes encore inconnus. De nouvelles maladies, par exemple, de nouveaux virus. Le sida, c'était une condition inconnue il y a cinquante ans. Dans encore cinquante ans on découvrira peut-être d'autres maladies qui tueront beaucoup, beaucoup de gens.
Interviewer: Céline, que penses-tu?
Céline: Les pays riches deviennent de plus en plus riches tandis que les pays moins riches deviennent de plus en plus pauvres. La différence entre eux est énorme. Ça, c'est un problème qui me trouble beaucoup. Qui pourra trouver une solution? Personne!

Solution
1 It will mean the death of the planet. [1]
2 Asia/South America [1]
3 Drinking water; education [2]
4 New illnesses (viruses) might be discovered. [1]
5 No one [1]
[6 marks, allotted as shown. A = 4]

LH4 Transcript [CD3 track 4]

Interviewer: Est-ce que tu voudrais changer le corps humain? On a posé cette question à plusieurs personnes. D'abord, Madame Vigny.
Mme Vigny: Aha, sans aucun doute, je voudrais avoir des yeux à l'arrière de ma tête – des yeux en avant et des yeux en arrière! Ça serait bon pour surveiller mes deux petits enfants, surtout quand nous sommes dans la voiture.
Interviewer: Et vous, Monsieur Martin?
M. Martin: Hmm, moi, je voudrais allonger mes jambes. Oui, avoir des jambes qu'on pourrait allonger, ça serait bon. Par exemple, à un match de football ou un concert, on pourrait mieux voir ce qui se passe.
Interviewer: Et vous, que dites-vous, Alicia?
Alicia: Alors moi, je voudrais avoir des cheveux et des ongles qu'il ne faut pas couper, ça serait excellent, à mon avis.
Interviewer: Et vous, Monsieur Robert?
M. Robert: Moi aussi, j'ai des petits enfants – j'en ai trois. Je crois qu'il serait utile s'il était possible de tourner la tête complètement – comme ça – 180 degrés. Ça serait un avantage pour une mère ou un père, n'est-ce pas?
Interviewer: Que penses-tu, Pierre?
Pierre: Moi, je voudrais avoir deux bouches – une pour manger et une pour parler. Ainsi on pourrait manger et parler en même temps. Chez le dentiste on pourrait expliquer exactement ce qu'il doit faire. Bon, hein? Aussi, j'aimerais avoir la possibilité de transformer les doigts en outils qu'on utilise régulièrement, par exemple transformer un doigt en couteau, en perceuse, en marteau ou en tire-bouchon. Ça serait vraiment utile, n'est-ce pas?

Solution
1 a M. Martin
   b Alicia
   c M. Robert
   d M. Martin
   e Pierre
   f Mme Vigny
   g Paul
2 a, d, e, g, j
[11 marks, one for each answer except the example. A = 8]

LH5 Transcript [CD3 track 5]

Interviewer: Aujourd'hui je parle avec Josephine Gomez. Plus star que jamais, elle se confie à nous sur sa vie privée, les médias et ses envies secrètes. Josephine, quelles leçons as-tu tirées du mariage?
JG: J'ai appris que ce n'est pas seulement l'amour qui fait le mariage. Mais, à l'époque, j'étais jeune et naïve, et je croyais qu'avec l'amour on pouvait conquérir le monde, tout en sachant qu'il fallait accepter certains compromis. Parfois, les gens ne sont pas prêts à les faire . . .
Interviewer: Comment expliques-tu ton succès musical?
JG: Un jour, un ami m'a donné un conseil. Il m'a dit: «*Fais en sorte que celui qui t'écoute ressente la signification de chaque mot.*» C'est ce que j'essaie de faire pour chacune de mes chansons. On doit intensifier ses émotions. Si tu es vraiment heureuse, fâchée, déprimée ou amoureuse, alors tu peux écrire une bonne chanson. Et ensuite ça s'entend . . .
Interviewer: Parle-moi de ton nouveau disque . . .
JG: C'est le même style de musique que celui que j'ai toujours fait. C'est de la pop mêlée de R&B et de dance, avec des influences latino.
Interviewer: Quelle qualité t'attire chez un homme?
JG: Son odeur! Un homme peut m'attirer uniquement grâce à ça. J'aime aussi qu'il ait de beaux yeux, une bouche agréable et un corps bien fait. Il ne doit être ni trop musclé ni énorme, mais avoir des formes. J'aime aussi les hommes qui prennent soin d'eux.
Interviewer: Comment réagis-tu au qualificatif de sex-symbol?
JG: Je ne prends pas ça au sérieux, mais quelqu'un à écrit: «*C'est une bombe, chaque courbe de son corps est parfaite, elle est trop femme pour la majorité des hommes!*» Je trouve ça amusant, c'est flatteur, drôle, et je suis contente que l'on me voie comme ça!

Solution
1 b; 2 b; 3 a; 4 c; 5 a; 6 a; 7 c
[7 marks, one for each answer. A = 5]

© John Murray   Teacher's Resource Book 2

unité 7
On lit

Foundation Reading
Pages 110–114

RF1 Solution
1 b; **2** c; **3** a; **4** a; **5** b; **6** c; **7** b; **8** a; **9** c; **10** c; **11** a
[10 marks, one for each answer except the example. C = 8]

RF2 Solution
1 i; **2** k; **3** e; **4** h; **5** c; **6** j; **7** b
[6 marks, one for each answer except the example. C = 5]

RF3 Solution
1 c; **2** j; **3** b; **4** d; **5** i; **6** f; **7** g
[6 marks, one for each answer except the example. C = 5]

RF4 Solution
1 Tuesday
2 Monday
3 Monday
4 Wednesday
5 Monday
6 Friday
[5 marks, one for each answer except the example. C = 4]

RF5 Solution
1 She annoys him. [1]
2 Sport. [1]
3 He enjoys finding interesting websites. [1]
4 The teacher speaks English all the time / and Bernard does not understand. [2]
5 She is young / and tells jokes. [2]
6 He has a large collection of CDs. [1]
7 Write to him. [1]
[9 marks, allotted as shown. C = 7]

Intermediate Reading
Pages 115–119

RI1 Solution
1 l'âne
2 4,5€
3 19h
4 16h
[4 marks, one for each answer. C = 3]

RI2 Solution
1 b; **2** a; **3** b
[3 marks, one for each answer. C = 2]

RI3 Solution
1 a room [1]
2 arrive [1]
3 take meals / in the hotel restaurant [2]
4 confirm that / he has understood the situation [2]
5 it is a Sunday / and the restaurant is closed on Sunday evenings [2]
[8 marks, allotted as shown. C = 6]

RI4 Solution
1 11€ [1]
2 After you have received the photographs. [1]
3 Nothing. [1]
4 A photograph album / a free film. [2]
5 Put it in an envelope / and post it. [2]
[7 marks, allotted as shown. C = 4]

RI5 Solution
True sentences: 1, 2, 5, 6, 7
[5 marks, one for each answer. C = 3]

Higher reading
Pages 120–124

RH1 Solution
True sentences: 1, 2, 3, 9
[4 marks, one for each answer. A = 3]

RH2 Solution
1 Frédéric
2 Frédéric
3 Anne-Sophie
4 Vanessa
5 Franck
6 Vanessa
7 Franck
8 Anne-Sophie
9 Anne-Sophie
[8 marks, one for each answer except the example. A = 5]

RH3 Solution
1 NM; **2** F; **3** T; **4** F; **5** NM; **6** NM; **7** T; **8** T; **9** T; **10** NM
[10 marks, one for each answer. A = 7]

RH4 Solution
1 e; **2** c; **3** i; **4** a; **5** g
[4 marks, one for each answer except the example. A = 3]

RH5 Solution
1 b; **2** a; **3** c; **4** c; **5** a; **6** b; **7** b
[6 marks, one for each answer except the example. A = 4]

unité 8
On parle

Marking schemes

You may want to use the mark scheme as laid down by your GCSE awarding body when you assess these tasks, or you could use the following schemes.

Mark scheme for Foundation and Intermediate speaking: role-play and conversation tasks:

Total 10

10–9	Conveys all of the information clearly and fluently; no prompting needed
8–7	Conveys most of the information with little or no prompting
6–5	Conveys about half the information; a little prompting may be needed
4–3	Conveys less than half the required information; needs prompting
2–1	Extremely hesitant; poor accent
0	Nothing of merit

Mark scheme for Higher speaking: role-play, narration and conversation tasks:

Total 10

10–9	All points conveyed impressively; some imaginative detail added; responds readily and fluently to interjections
9–8	All points conveyed; little guidance or intervention needed; good pace; good accent
7–6	Most points communicated; pace may be erratic; responds well to prompting; acceptable accent
5–4	Some points communicated but lots of ambiguity; hesitant; inaccurate
3–2	Isolated points only are communicated; slow pace; needs lots of prompting; poor accent
1–0	Nothing, or virtually nothing, of merit

Foundation Speaking: role-plays

Pages 125–128

RPF1 Transcript [CD3 track 6]
- Bonjour. Je peux vous aider?
- Vous voulez quelle sorte de chambre?
- C'est pour combien de nuits?
- Voilà.

RPF2 Transcript [CD3 track 7]
- Bonjour. Vous désirez?
- Vous en voulez combien?
- Voilà.
- Trois euros.
- Au revoir.

RPF3 Transcript [CD3 track 8]
- Bonjour. Qu'y a-t-il pour votre service?
- Bon, et avec ça?
- Très bien.
- Ça fait deux euros 30, s'il vous plaît.

RPF4 Transcript [CD3 track 9]
- Je peux vous aider?
- Euh, prenez la deuxième rue à gauche.
- C'est à cinq minutes d'ici.
- Il y a un parking à côté.
- Au revoir. Bonne journée.

RPF5 Transcript [CD3 track 10]
- Bonjour. Vous désirez?
- C'est pour combien de personnes?
- Voilà.
- Il y a un train toutes les vingt minutes.
- Pas de problème.

RPF6 Transcript [CD3 track 11]
- Bonjour. Je peux vous aider?
- Oui, bien sûr. C'est pour combien de nuits?
- Bon, ça va – et vous êtes combien?
- Ah, bon, je vous donne l'emplacement numéro 22.
- Non, nous n'en avons pas, mais on peut se baigner dans le lac.
- Oui, c'est ouvert jusqu'à 19h.

RPF7 Transcript [CD3 track 12]
- Bonjour. Je peux vous aider?
- Il y a beaucoup pour les touristes. Le musée, le château . . .
- Oui, oui, voilà une brochure.
- Ah, bon.
- Chez «Vélocity», rue Bonaparte.
- C'est à dix minutes à pied.

RPF8 Transcript [CD3 track 13]
- Bonjour. Qu'est-ce que vous voulez?
- Hmm, depuis quand?
- Voilà des pastilles pour la gorge.
- Trois euros 10.
- Vous voulez le petit tube?
- Voilà.

© John Murray Teacher's Resource Book 2

unité 8 On parle

RPF9 Transcript [CD3 track 14]
- Salut. Tu veux venir au cinéma ce soir?
- Bon, moi aussi.
- C'est «Mme Rambeau». C'est un bon film, je crois.
- À sept heures et demie. On va se retrouver où?
- Bonne idée.
- Je ne sais pas exactement.

Intermediate speaking: role-plays
Pages 129–130

Tip: Dealing with the unexpected

Transcript [CD3 track 15]
1. Je m'excuse. Nous n'avons plus de carottes ce soir.
2. Je regrette. Tout est complet.
3. Le marché? Mais il n'y a pas de marché ici.
4. Non, non, non. Nous n'avons pas de réservation à ce nom.
5. Mais pour cela, il faut aller au bureau des objets trouvés à la gare. C'est la police ici.
6. Je ne sais pas. Je ne suis pas d'ici.
7. Nous n'avons pas de «Café Gilles». Vous cherchez peut-être le «Café Gilbert»?
8. Le poulet rôti ... ah, excuse-moi! J'ai oublié. Tu es végétarien!
9. Le prochain train pour Dinard? Vous arrivez trop tard! Il n'y a pas de train pour Dinard ce soir!
10. Je regrette. Je n'en ai plus.
11. Je n'ai que de grands tubes à neuf euros 15.
12. Noirs ou blancs?

RPI1 Transcript [CD3 track 16]
- Bonjour!
- Par ici, s'il vous plaît.
- Très bien. Est-ce que vous préférez le poulet ou le poisson?
- Et qu'est-ce que vous voulez comme légumes?
- Et comme boisson?

RPI2 Transcript [CD3 track 17]
- Tu restes ici pour combien de temps?
- Et qu'est-ce que tu vas faire après l'école?
- Tu parles bien le français. Où as-tu appris la langue?
- Et depuis combien de temps?
- Tu veux sortir avec nous ce soir?
- Bon. À ce soir.

RPI3 Transcript [CD3 track 18]
- Bonjour. Je peux vous aider?
- Est-ce que vous pouvez me donner une description?
- Qu'est-ce qu'il y avait dedans?
- Et vous l'avez perdu où?
- Donnez-moi votre numéro de téléphone, s'il vous plaît.
- Merci. J'ai noté les détails.

RPI4 Transcript [CD3 track 19]
- Tu as besoin de quelque chose?
- Oui, bien sûr. Sers-toi.
- Oui, oui. Quelles émissions préfères-tu?
- Quels sports aimes-tu regarder à la télé?
- Et à quelle heure te couches-tu normalement?

Higher speaking: role-plays
Pages 131–132

RPH1 Transcript [CD3 track 20]
- Je peux vous aider?
- Il y a un problème?
- Quand avez-vous remarqué ce problème?
- Est-ce que vous pouvez me donner une description de la vendeuse?
- Et quand est-ce que vous l'avez acheté(e)?
- Ah, bon. Je vais parler avec la propriétaire.

RPH2 Transcript [CD3 track 21]
- Vous parlez avec votre ami(e) en France. Moi, je suis votre ami(e).
- Où est-ce que tu es allé(e) et quand?
- C'était comment, la visite?
- Quel temps faisait-il, ce jour-là?
- La visite a coûté cher ou non?

RPH3 Transcript [CD3 track 22]
- Bonsoir! Je peux vous aider?
- Bon. Par ici, s'il vous plaît ... Alors, qu'est-ce que vous voulez manger?
- Ah, je regrette, nous n'en avons plus. Vous voulez autre chose?
- Bon, et votre ami(e)?
- Très bien. Et quelque chose à boire?
- Voilà.
- Ah, non. Je suis désolé(e). Je vais chercher le patron.

RPH4 Transcript [CD3 track 23]
- Vous parlez avec le père de votre ami(e) en France. Moi, je suis le père de votre ami(e).
- Qui a eu un accident, et où ça?
- Décrivez-moi cet accident.
- Qui a aidé les victimes?
- Qu'est-ce que vous avez fait?

unité 8 On parle

Higher Speaking: narrations

Pages 133–134

NH1
(There is no recorded examiner's role for this narration task.)

NH2
(There is no recorded examiner's role for this narration task.)

Foundation Speaking: conversation

Pages 135–137

À la maison 1 Transcript [CD3 track 24]
1 Est-ce que vous habitez une maison ou un appartement?
2 Combien de pièces avez-vous?
3 Où est le jardin chez vous?
4 Quelles pièces avez-vous au rez-de-chaussée?
5 Et au premier étage?

À la maison 2 Transcript [CD3 track 25]
1 Est-ce que vous avez votre propre chambre?
2 Vous vous couchez à quelle heure généralement?
3 À quelle heure est-ce que vous vous levez en général?
4 Que faites-vous dans la salle de bains?
5 Où est-ce que vous faites vos devoirs?

Les repas Transcript [CD3 track 26]
1 Qu'est-ce que vous mangez au petit déjeuner?
2 Décrivez un déjeuner typique.
3 Que mangez-vous le soir?
4 À quelle heure mangez-vous le soir?
5 Le matin, vous quittez la maison à quelle heure?
6 Qu'est-ce que vous aimez manger et boire?
7 Et qu'est-ce que vous n'aimez pas manger?
8 Parlez-moi d'une visite à un restaurant.

Le travail à la maison, l'argent de poche
Transcript [CD3 track 27]
1 Qu'est-ce que vous faites généralement le soir?
2 Vous recevez combien d'argent de poche?
3 Qu'est-ce que vous achetez avec votre argent de poche?
4 Que faites-vous pour aider à la maison?
5 À votre avis, est-ce que vous devez faire trop de choses pour aider à la maison?

À l'école Transcript [CD3 track 28]
1 Vous allez à quelle sorte d'école?
2 Il y a combien d'élèves?
3 Où se trouve votre école?
4 L'école commence et finit à quelle heure?
5 Que faites-vous normalement pendant la pause-déjeuner?
6 Quelle est votre matière préférée? Pourquoi?
7 En quelles matières êtes-vous fort ou faible?

Moi et ma famille Transcript [CD3 track 29]
1 Comment vous appelez-vous?
2 Comment ça s'écrit?
3 Qu'est-ce que vous faites pendant un week-end typique?
4 Quelle est la date de votre anniversaire?
5 Où est-ce que vous êtes né(e)?
6 Combien de personnes y a-t-il dans votre famille?
7 Combien de frères et de sœurs avez-vous?
8 Vous êtes de quelle nationalité?

Les sports, les passe-temps
Transcript [CD3 track 30]
1 Quels sports aimez-vous?
2 Quel est votre sport préféré, et pourquoi?
3 Où et quand est-ce que vous jouez à ce sport?
4 Qu'est-ce qu'il y a dans votre région pour les gens qui aiment le sport?
5 Vous êtes membre d'un club? C'est quelle sorte de club?
6 Qu'est-ce que vous allez faire ce soir après les devoirs?
7 Quels sont vos projets pour le week-end prochain?

Les membres de ma famille
Transcript [CD3 track 31]
1 Quel âge a votre frère ou votre sœur?
2 Avez-vous des animaux domestiques?
3 Faites une description des membres de votre famille.
4 Que pensez-vous de votre frère ou de votre sœur?
5 Est-ce que vous vous entendez bien avec vos parents?
6 Est-ce que vous préféreriez être le cadet ou l'aîné? Pourquoi, ou pourquoi pas?
7 Quels sont les avantages ou les inconvénients d'être enfant unique?

La télévision et le cinéma Transcript [CD3 track 32]
1 Quelles émissions de télévision aimez-vous?
2 Quelles émissions n'aimez-vous pas?
3 Quels genres de film aimez-vous?
4 Parlez-moi de votre dernière visite au cinéma.
5 Parlez-moi d'un film que vous avez vu récemment.

Ma région Transcript [CD3 track 33]
1 Où se trouve votre ville ou votre village?
2 Qu'est-ce qu'il y a pour les jeunes?
3 Qu'est-ce qu'il y a pour les touristes?
4 Quelles sont les industries dans votre région?
5 Habiter en ville ou à la campagne, quels sont les avantages et les inconvénients?

© John Murray **Teacher's Resource Book 2**

unité 8 On parle

Les transports Transcript [CD3 track 34]
1 Comment venez-vous à l'école?
2 Vous et votre famille, vous avez quelle sorte de voiture?
3 Que pensez-vous de votre voiture?
4 Quel est votre moyen de transport préféré? Pourquoi?
5 Quels sont les avantages et les inconvénients des voyages en autocar, en train, en avion . . . ?
6 Faites une description d'un voyage que vous avez fait récemment.
7 Vous voulez prendre des leçons de conduite? Pourquoi, ou pourquoi pas?

L'avenir Transcript [CD3 track 35]
1 Quelles matières voulez-vous étudier l'année prochaine?
2 Quels examens voulez-vous préparer l'année prochaine?
3 Où voulez-vous continuer vos études?
4 Quel métier avez-vous choisi?

Le travail Transcript [CD3 track 36]
1 Avez-vous un job le week-end ou le soir? Qu'est-ce que vous faites?
2 Qu'est-ce que vous avez fait comme stage?
3 Donnez-moi des détails de votre stage.
4 Vos parents, vos frères ou vos sœurs, où travaillent-ils?

Les vacances Transcript [CD3 track 37]
1 Où allez-vous passer vos vacances cette année?
2 Pour combien de temps?
3 Avec qui partez-vous en vacances?
4 Quelle sorte de logement préférez-vous?
5 Quelles activités aimez-vous faire en vacances?
6 Est-ce que vous aimez voyager à l'étranger? Quels pays avez-vous visités?

Les célébrités, les médias
Transcript [CD3 track 38]
1 Quel est votre groupe ou votre chanteur/votre chanteuse préféré(e)? Pourquoi?
2 Décrivez quelqu'un de célèbre que vous admirez.
3 Est-ce qu'on regarde trop de télévision de nos jours?
4 Combien de temps passez-vous à surfer sur Internet?

Higher Speaking: conversation

Pages 138–140

À la maison Transcript [CD3 track 39]
1 Le matin, qu'est-ce que vous faites avant de quitter la maison?
2 Qu'est-ce que vous avez fait ce matin avant de quitter la maison?
3 Qu'est-ce que vous avez fait hier soir à la maison?
4 Qu'est-ce que vous faites pour aider à la maison?
5 Décrivez votre chambre.
6 Décrivez votre maison.
7 Comment serait votre maison idéale et pourquoi?

À l'école 1 Transcript [CD3 track 40]
1 Décrivez votre routine scolaire.
2 Quelle est votre meilleure journée? Pourquoi?
3 Qu'est-ce que vous avez fait hier à l'école?
4 Qu'est-ce que vous avez fait pendant la pause-déjeuner?
5 Décrivez votre uniforme scolaire.

À l'école 2 Transcript [CD3 track 41]
1 Que faites-vous par exemple pendant un cours d'anglais, de maths, de chimie . . . ?
2 Décrivez les avantages et les inconvénients de votre école.
3 Donnez les détails d'un voyage scolaire que vous avez fait.
4 Demain sera une bonne ou une mauvaise journée pour vous? Pourquoi?

La forme et la santé Transcript [CD3 track 42]
1 Être en forme, c'est important pour vous? Pourquoi, ou pourquoi pas?
2 Que faites-vous pour être en forme physiquement?
3 Fumer, qu'en pensez-vous?
4 Le végétarisme, qu'en pensez-vous?
5 Est-ce que vous avez jamais eu un accident? Donnez-moi les détails.

La musique, le temps libre
Transcript [CD3 track 43]
1 Quelle sorte de musique aimez-vous?
2 Est-ce que vous jouez d'un instrument de musique? Depuis quand?
3 Est-ce que vous faites collection de quelque chose?
4 Qu'est-ce que vous faites quand vous allez en ville avec vos copains?
5 Parlez-moi d'une visite à un concert.

En ville, les courses Transcript [CD3 track 44]
1 Quels magasins y a-t-il dans votre ville ou votre village?
2 Où allez-vous pour faire les courses?
3 Avez-vous fait des courses récemment? Donnez-moi les détails.
4 Avez-vous envie de travailler dans un magasin? Pourquoi, ou pourquoi pas?

Le shopping, les vêtements
Transcript [CD3 track 45]
1 La mode, elle est importante pour vous? Pourquoi, ou pourquoi pas?
2 Qui paie vos vêtements?
3 Quels vêtements aimez-vous acheter? Pourquoi?
4 Où achetez-vous des vêtements?
5 Quel est votre magasin préféré? Pourquoi?
6 Est-ce que vous faites des économies? Pour quelle raison?

unité 8 On parle

Ma région Transcript [CD3 track 46]
1 Vous habitez cette région depuis combien de temps?
2 Décrivez la région où vous habitez.
3 Qu'est-ce que vous n'aimez pas dans cette région?
4 Quels sont les problèmes sociaux de votre région?
5 Où voulez-vous habiter plus tard?
6 Comment voudriez-vous changer votre ville ou votre région?
7 Quels sont les avantages et les inconvénients de votre ville ou de votre région?
8 Où préféreriez-vous habiter si vous aviez le choix?

Les transports Transcript [CD3 track 47]
1 Qu'est-ce qu'on doit faire pour protéger l'environnement?
2 Quels sont les avantages et les inconvénients des voyages en autocar, en train, ou en avion, en ce qui concerne l'environnement?
3 Et vous, que faites-vous personnellement?
4 Comment venez-vous à l'école?

Le travail, l'avenir Transcript [CD3 track 48]
1 Qu'est-ce que vous allez faire l'année prochaine?
2 Vous avez l'intention d'aller à l'université plus tard? Donnez-moi des détails.
3 Pourquoi voulez-vous étudier cela?
4 Pourquoi avez-vous choisi cette profession?
5 Quels sont les aspects les plus importants quand on choisit une profession?
6 Aimeriez-vous suivre la même profession qu'un autre membre de votre famille? Pourquoi, ou pourquoi pas?
7 Qu'est-ce qu'on doit faire pour aider les jeunes chômeurs?

Les fêtes Transcript [CD3 track 49]
1 Comment avez-vous fêté votre dernier anniversaire?
2 Que faites-vous pour fêter Noël ou un autre jour important?
3 Comment est-ce que vous allez fêter la fin de vos examens?
4 Les Français, qu'est-ce qu'ils font le 14 juillet?
5 Faites la comparaison entre une fête au Royaume-Uni et une fête dans un autre pays.

Les vacances Transcript [CD3 track 50]
1 Décrivez vos dernières vacances.
2 Quel temps a-t-il fait?
3 Qu'est-ce que vous avez pensé de votre logement?
4 Est-ce que vous voulez y aller une autre fois?
5 Qu'est-ce que vous allez faire cet été? Où irez-vous?
6 Est-ce que vous avez essayé la nourriture française? Qu'en pensez-vous?
7 Quel logement préférez-vous quand vous êtes en vacances? Pourquoi?
8 Comment seraient vos vacances idéales?

Les célébrités, les médias
Transcript [CD3 track 51]
1 Décrivez quelqu'un de célèbre que vous admirez.
2 Est-ce que vous trouvez important de lire un journal ou de regarder les actualités à la télévision? Pourquoi, ou pourquoi pas?
3 Est-ce qu'on regarde trop de télévision de nos jours?
4 Parlez-moi d'un livre que vous avez lu récemment.
5 Combien de temps passez-vous à surfer sur Internet?
6 Qu'est-ce qui vous intéresse le plus sur Internet?

unité 9
On écrit

You may want to use the mark schemes as laid down by your GCSE awarding body, or you could use the following schemes.

Marking scheme for Foundation writing, list-type tasks:
- Mark each item for communication only: total 10.
- Allow minor errors of spelling where these do not interfere with communication, but do not allow words in English unless these are direct cognates.

Marking scheme for Foundation writing, messages; also for Higher writing, letters:
- Communication 5 marks (see grid below)
- Quality of language/accuracy 5 marks (see grid below)
- Total 10

Communication

5	Message clearly conveyed; any ambiguity only very minor
4	Some ambiguity or omission
3	About half the message conveyed
2	One or two items conveyed
1	Hardly any meaningful communication
0	Nothing of merit

Quality of language/accuracy

5	Accurate grammar; appropriate vocabulary and register; very good spelling
4	All verbs correct; minor spelling mistakes which do not impede communication
3	Mostly correct vocabulary; most verbs accurate; some grammatical mistakes
2	Some appropriate vocabulary; occasionally verbs are correct; inaccuracy affects communication
1	Isolated examples of correct words; no evidence of grammatical knowledge
0	Nothing of merit

Marking scheme for Higher writing, longer (150 word) accounts:
- Communication 10 (see grid below)
- Quality of language 14 (see grid below)
- Accuracy 6 (see grid below)
- Total 30

Communication

10–9	Communicates information clearly and with appropriate and relevant detail; coherent
8–7	Communicates information factually and with some extra detail
6–5	Clear factual communication
4–3	Despite errors and inaccuracies, communicates adequately
2–1	Skeletal in its communication
0	Incoherent; occasionally comprehensible

Quality of language

14–12	A wide variety of constructions, idiom and vocabulary; excellent use of verbs; impressive, complex sentences
11–9	A good variety of constructions, idiom and vocabulary; some longer and complex sentences; most verbs accurate
8–6	Some variety in constructions, idiom and vocabulary; limited range of verbs; occasionally more complex sentence structure
5–3	Restricted range of constructions, idiom and vocabulary; sound at a basic level; range of tenses
2–1	Very restricted range of constructions; repetitious
0	Little of merit

Accuracy

6	Highly accurate; free from major errors
5–4	Generally accurate
3–2	Some inaccuracy but not sufficient to impede communication
1	Lots of inaccuracy
0	Inaccuracy impedes communication severely

List of Worksheets

Worksheet 1	Numbers
Worksheet 2	Useful phrases for role plays
Worksheet 3	Talking about food and drink
Worksheet 4	Days, and times
Worksheet 5	Profiling a person
Worksheet 6	Perfect tense 1
Worksheet 7	Using *après avoir/être* ...
Worksheet 8	Talking about sports and activities
Worksheet 9	Recognising 'false friends'
Worksheet 10	Phrases for letters
Worksheet 11	Talking about your weekend
Worksheet 12	Reflexive verbs
Worksheet 13	Talking about problems and illness
Worksheet 14	Adverbial phrases
Worksheet 15	Adjectives 1
Worksheet 16	Talking about your family
Worksheet 17	Talking about animals
Worksheet 18	Clothes and shopping
Worksheet 19	Perfect tense 2
Worksheet 20	Talking about the future
Worksheet 21	Before and after
Worksheet 22	Countries and geography
Worksheet 23	Talking about towns, countries and nationalities
Worksheet 24	Talking about the weather
Worksheet 25	More verb practice
Worksheet 26	Talking about parts of a car
Worksheet 27	Questions
Worksheet 28	Possessive adjectives
Worksheet 29	Imperfect tense: *les alibis*
Worksheet 30	Phrases for conversations
Worksheet 31	Talking about jobs
Worksheet 32	Prepositions
Worksheet 33	Talking about a day of work experience
Worksheet 34	Saying what you must do
Worksheet 35	Expressions with *ne* ...
Worksheet 36	Comparisons
Worksheet 37	Adjectives 2
Worksheet 38	Finding your way around a youth hostel
Worksheet 39	The conditional
Worksheet 40	Pronouns

Worksheets

Name: ....

Worksheet 1 Numbers

50	100	54	40	1000	80	15
60	14	70	200	45	17	90

A Quels sont ces numéros?

1 UOQRETZA   *quatorze*
2 ECTN
3 DXUE ESTNC
4 INATENUQC
5 QATENRAU
6 ZENIUQ
7 ILELM

8 UTERAQ-IGNTSV
9 SOATENXI
10 IOXASNET-IXD
11 URNTEAAQ-CNQI
12 CNNTEAUQI-QERTAU
13 DXI-EPTS
14 UARETQ-VGTNI-IXD

B Lisez à haute voix.

1 Mon oncle a 45 ans.
2 Ton frère a 16 ans.
3 C'est le 24 mai.
4 1 000 personnes habitent ici.
5 C'est à 100 mètres d'ici.
6 Elle mesure 1 mètre 55.
7 C'est à 250 kilomètres d'ici.
8 Elle a 14 ou 15 ans – je ne sais pas exactement.
9 Elle est née en 1991.
10 Sa sœur est née en 1995.

C Les numéros de téléphone – corrigez les erreurs!

1 03 23 45 65   C'est le zéro trois, vingt-trois, quarante-cinq, soixante-quinze.

   Exemple: C'est le zéro trois, vingt-trois, quarante-cinq, soixante-**cinq**.

2 04 90 95 92   C'est le zéro quatre, quatre-vingt-dix, quatre-vingt-quinze, quatre-vingt-deux.

3 03 24 25 17   C'est le zéro trois, vingt-cinq, vingt-quatre, dix-sept.

4 02 35 78 67   C'est le zéro deux, trente-cinq, soixante-huit, soixante-dix-sept.

5 05 65 56 99   C'est le zéro cinq, soixante-cinq, soixante-six, quatre-vingt-dix.

6 04 77 97 87   C'est le zéro quatre, soixante-dix-sept, quatre-vingt-dix-sept, quatre-vingt-seize.

D Écrivez en mots.

1 24
2 80
3 77
4 67
5 89
6 98
7 256 978
8 1 534 692

Name: ....

Worksheets

Worksheet 2 Useful phrases for role-plays

TIP Use the following key phrases for conversations that involve questions and requesting information.

Je voudrais . . .   I would like . . .
Avez-vous . . . ?   Have you got . . . ?
J'ai besoin de . . .   I need . . .
J'ai envie de . . .   I want . . .
Est-ce qu'il y a . . . (près d'ici)?   Is/are there . . . (near here)?
Où est . . . ?   Where is . . . ?
Où se trouve . . . ?   Where is . . . ?
Pour aller à . . . ?   How do I get to . . . ?
. . . , c'est à quelle distance?   How far is . . . ?
C'est combien?   How much is it?
Combien de . . . ?   How much/many of . . . ?
Il faut . . . ?   Is it necessary to . . . ?
C'est possible?   Is it possible?
Je vous en prie.   Don't mention it.
Il n'y a pas de quoi.   Don't mention it.

A For each of the following situations, decide whether you would use *tu* or *vous*.
1 You are seeking information in a tourist information office. _____
2 You are asking a stranger for directions.
3 You are chatting to a French penfriend about school work. _____
4 You are speaking to a teacher in a French school. _____
5 You are talking to your French penfriend's guinea pig. _____
6 You are reporting a loss at a lost property office. _____
7 You are asking a shop assistant for advice about a purchase. _____
8 You are describing a road accident to a police officer. _____
9 At a youth hostel, ask another young person if you may borrow a tin opener. _____

B Practise asking the following questions (using *vous*).
1 Ask if there is a swimming pool nearby.
2 Ask how far away the beach is.
3 Ask where the market is.
4 Ask if there is a petrol station nearby.
5 Ask how far it is to the football stadium.
6 Ask for directions to the tourist information office.
7 Ask how you get to the railway station.
8 Ask if there is a baker's nearby.
9 Ask how far it is to the chemist's.
10 Ask where the ticket office is.

C How would you find out the following information?
1 Ask if you may pay by cheque.
2 Ask if you have to have some form of identification.
3 Ask if it is necessary to order in advance.
4 At the station, ask if you have to change trains.
5 At a department store, ask if you can change the shoes you bought yesterday.
6 You want a room on the ground floor. Ask if that is possible.
7 Ask if it is possible to send a fax to the United Kingdom.
8 Ask if you may make a phone call.
9 Ask if you have to pay.

D For each of the following questions, decide whether you should use *tu* or *vous*; then ask the questions.
1 Ask the market stall holder to tell you how much the peaches cost. _____
2 Ask a 16-year-old French friend how many brothers and sisters he/she has. _____
3 Ask a passer-by where the nearest supermarket is. _____
4 Ask the waiter how much three coffees cost. _____
5 Ask the shopkeeper how much the pineapples are. _____
6 Ask a 14-year-old French friend how many days they are staying for. _____
7 Ask the stall holder to show you how many cherries are in a half-kilo. _____

© John Murray   **Teacher's Resource Book 2**

Worksheet 3 Talking about food and drink

A Ces choses, sont-elles à manger ou à boire? Faites deux listes.

| pastis   oignons   porc   brioche   chou-fleur |
| chocolat chaud   lait   crudités   gâteau |
| saucisson   poisson   pâtes   galette |
| poivrons   citron pressé   ananas   eau   thé |

B Ces choses, ce sont des légumes ou non? Faites deux listes: légumes, pas légumes.

| glace   canard   viande   vinaigre   truite |
| cerise   poireau   brocolis   prune |
| haricot vert   moules   champignon   poulet |
| chou   petits pois   jambon   huile   baguette |
| aubergine   groseille   carotte   riz |

C Quels sont ces fruits?

1 B _ _ _ _ E

2 C _ _ _ _ N

3 F _ _ _ _ E

4 C _ _ _ _ E

5 P _ _ _ E

6 K _ _ I

7 A _ _ _ _ _ _ T

8 R _ _ _ _ _ N

9 O _ _ _ _ E

10 P _ _ _ E

(continued)

Sheet 2

Name: ....

Worksheets

Worksheet 3 Talking about food and drink

D Les quantités. Corrigez les erreurs! *Échangez* les mots *en gras*.
Il faut utiliser chaque mot une fois seulement.

1 Je voudrais une bouteille de **jambon**.

   Exemple: Je voudrais une bouteille de **limonade**.

2 Donnez-moi un kilo de **limonade**.

_____

3 Deux cents grammes de **thé**.

_____

4 Je voudrais une tasse de **pâté**.

_____

5 Je voudrais un paquet de **pommes**.

_____

6 Donnez-moi trois kilos de **tarte au citron**.

_____

7 Deux tranches de **pommes de terre**, s'il vous plaît.

_____

8 Je voudrais un morceau de **chips**.

_____

© John Murray   **Teacher's Resource Book 2**

Worksheet 4 Days, dates and times

A Identifiez les jours et les mois. Complétez les listes dans le bon ordre.

AHECNMID	AIM	AOTÛ
~~AREINVJ~~	BRECOOT	CREDEMÉB
CREEMIRD	DEAIMS	DRAIM
IJUDE	LARIV	MERBETPES
NUJI	RSAM	~~UDINL~~
ULLIJET	VDIEERDN	ERIRVFÉ

les jours
lundi
_____
_____
_____
_____
_____
_____

les mois
janvier
_____
_____
_____
_____
_____
_____
_____
_____
_____
_____
_____

B Écrivez l'heure en français.

1 2.00 _____
2 3.30 _____
3 4.15 _____
4 5.45 _____
5 11.20 _____
6 16.00 _____
7 14.55 _____
8 16.25 _____
9 18.40 _____

C Notez l'heure en chiffres.

1 Seize heures trente _____
2 Quatorze heures vingt _____
3 Vingt-deux heures _____
4 Vingt-trois heures quarante _____
5 Dix-neuf heures cinquante-cinq _____
6 Treize heures dix-neuf _____
7 Quinze heures quinze _____
8 Dix heures moins le quart _____

TIP Remember never to write 'a.m.' or 'p.m.' when you write the time in French.

Name: ....

Worksheet 5 Profiling a person

Décrivez le personnage que vous voudriez inviter à une boum.

L'invité(e) idéal(e)

Je voudrais inviter _____

Il / Elle travaille comme _____

Il / Elle a _____ ans.

Il / Elle a les yeux _____

et les cheveux _____

Il / Elle mesure _____

Il / Elle est _____

_____

et très _____

_____

Il / Elle porte toujours les vêtements _____

_____

Ses passe-temps préférés sont _____

et _____

_____

Je voudrais l'inviter parce que _____

_____

© **John Murray Teacher's Resource Book 2**

Worksheets

Worksheet 6 Perfect tense 1

A Write the correct past participles, choosing from those given in the box.

1 Mon frère et moi, nous sommes ____allés____ en ville en autobus.

2 Nous sommes _____ à la gare routière à onze heures.

3 Je suis _____ à trois heures de l'après-midi.

4 Ma cousine est _____ en Italie.

5 Mes copines sont _____ chez moi pour manger de la pizza.

6 Malheureusement, Mireille est _____ malade.

7 Sammy était gentille mais elle est _____ vraiment désagréable!

8 Quel imbécile! Olivier est _____ sans pantalon!

9 Les voleurs sont _____ dans la cuisine parce qu'ils avaient faim.

10 La paresseuse! Janine est _____ au lit jusqu'à midi!

devenue	devenu	sorti	sorties
entrés	entrée	tombée	tombés
restée	resté	venues	venus
partie	partis	allés	allées	arrivés
arrivé	rentré	rentrées		

B Write the sentences in the perfect tense using the verbs given in brackets.

1 Ils (**arriver**) __sont arrivés__ à neuf heures et demie.

2 Ma sœur (**partir**) _____ pour des vacances de ski.

3 Elle (**descendre**) _____ du taxi devant la gare SNCF.

4 Ma classe (**rester**) _____ une semaine à la campagne.

5 Mes devoirs (**devenir**) _____ très difficiles récemment.

6 Je (**aller**) _____ aux États-Unis.

7 Malheureusement, mon poisson (**mourir**) _____ .

8 Je (**naître**) _____ en hiver.

9 Mes parents (**rentrer**) _____ à trois heures du matin!

10 Mon frère et moi (**devenir**) _____ inquiets.

(continued)

Sheet 2

Name: ....

Worksheet 6 Perfect tense 1

C These sentences are in the present tense. Write them in the perfect tense.

1 Je vais au cinéma avec mes copains.
   Exemple: Je suis allé(e) au cinéma avec mes copains.

2 Nous arrivons en ville vers six heures du soir.

3 Nous descendons devant l'église.

4 Après avoir mangé, nous partons pour le cinéma.

5 On entre tout de suite.

6 Pendant le film, des voleurs montent sur le toit d'une banque.

7 Ils tombent et un voleur meurt sur le trottoir.

8 Nous restons au cinéma jusqu'à onze heures.

9 Moi et mes copains rentrons après minuit.

10 Simon et Jean deviennent fatigués.

Worksheets

Name: ....

Worksheet 7 Using *Après avoir/être*...

A Composez des phrases. Utilisez des paires d'expressions comme dans l'exemple.

Exemple: f, b: Après avoir pris l'autobus, je suis arrivé(e) en ville.

1 m, i _____

2 k, e _____

3 b, l _____

4 h, g _____

5 j, a _____

6 d, c _____

a boire une tasse de café
b arriver en ville
c acheter des souvenirs
d visiter le musée
e rentrer à la maison
f prendre l'autobus
g bavarder avec mes amis
h faire mes devoirs
i me laver les mains
j jouer au badminton à la plage
k faire une randonnée
l faire des courses
m ranger ma chambre

B Complétez ces phrases – à vous de choisir des expressions appropriées.

1 Après avoir mangé le dejeuner, _____

2 Après être descendus de l'autobus, _____

3 Après avoir visité le musée du fromage, _____

4 Après être rentrées à la maison, _____

5 Après avoir mis son pyjama, _____

6 Après avoir parlé avec son lapin et son chat, _____

7 Après être monté au treizième étage, _____

8 Après avoir écrit le message, _____

9 Après m'être habillé en maillot de bain et short, _____

Worksheet 8 Talking about sports and activities

A Regardez les anagrammes et identifiez les sports.

1 UBYGR _____rugby_____
2 PCEÊH _____
3 EINSNT _____
4 NTAONITA _____
5 YCLICSEM _____
6 OLEIV _____
7 GEAANITP _____
8 FLOG _____
9 EYLLOV _____
10 TIMONANDB _____
11 TOFOBLAL _____
12 UTITAQOINÉ _____

B Le matériel sportif. Faites des paires.

Exemple: **1 d**

1 une canne à pêche
2 un maillot de bain
3 une raquette de tennis
4 des skis
5 des baskets
6 une planche de surf
7 un VTT

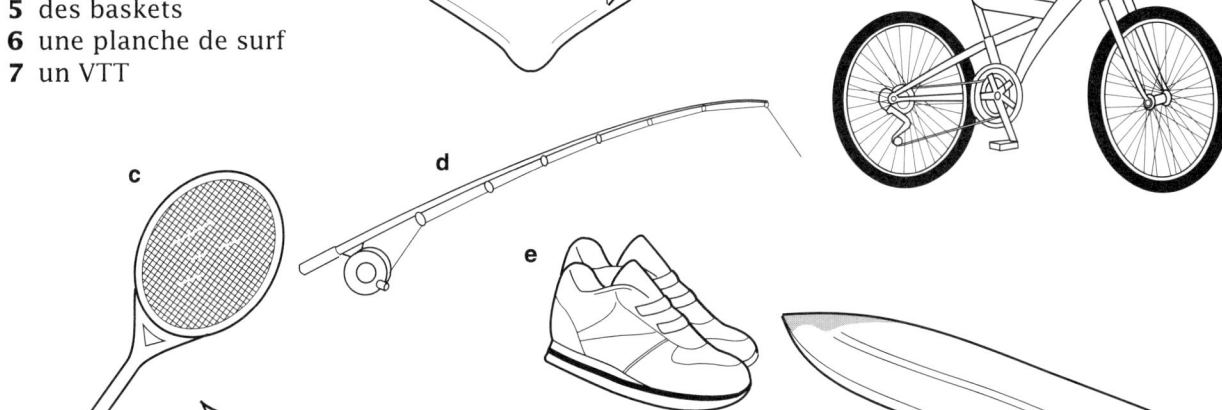

C Complétez les phrases. Choisissez le verbe approprié dans la case. Attention à la forme de chaque verbe!

| adorons | aime | aimes | est | faire |
| intéresse | lire | passionne | | trouve |

1 J'_____aime_____ collectionner les disques.
2 Je m'_____ à la photographie.
3 Mon frère _____ fana de foot.
4 Tu _____ regarder les émissions de musique à la télévision?
5 Je _____ fascinant le jeu d'échecs.
6 Pendant mes heures de libre, j'aime _____ de la natation.
7 Ce qui me _____, c'est le skate.
8 J'aime _____ les romans de science-fiction.
9 Nous, nous _____ la pêche.

© John Murray   **Teacher's Resource Book 2**

Worksheet 9 Recognising 'false friends'

A Remplissez la grille. Les mots *français* sont en gras. Les mots *anglais* sont *en italique*.

actuel	not *actual*	but		(*actual* = **vrai**)
commander	not *to command*	but		(*to command* = **ordonner**)
expansif	not *expensive*	but		(*expensive* =
humeur	not *humour*	but		(*humour* = **humour**)
journée	not *journey*	but		(*journey* =
large	not *large*	but		(*large* =
lecture	not *lecture*	but	*reading*	(*lecture* = **conférence**)
librairie	not *library*	but		(*library* =
location	not *location*	but		(*location* = **lieu**)
magasin	not *magazine*	but		(*magazine* =
monnaie	not *money*	but		(*money* =
pièce	not *piece*	but		(*piece* =
place	not *place*	but		(*place* =
plats	not *plates*	but		(*plates* =
propre	not *proper*	but		(*proper* = **vrai**)
sensible	not *sensible*	but		(*sensible* = **sage**)
stage	not *stage*	but		(*stage* = **étape/scène**)
terrible	not *terrible*	but		(*terrible* = **horrible**)
timbre	not *timber*	but		(*timber* =
travailler	not *to travel*	but		(*to travel* =

B Encerclez le mot correct.

Exemple: **1** Mon ami a un bon sens d'**humeur / (humour)**.

2 Quand je pars en vacances, je préfère **travailler / voyager** en voiture.
3 Je voudrais **une pièce / un morceau** de flan, s'il vous plaît.
4 As-tu lu **mon magasin / ma revue**, chéri?
5 J'ai acheté des chaussures très **expansives / chères**.
6 Cette rivière n'est pas tellement **large / grande**.
7 J'ai détesté le nouveau film de Johnny Pizz! C'était **terrible / horrible**!
8 Vous trouvez les tasses et les **plats / assiettes** dans le placard à gauche.

C Faites l'interprète. Qu'est-ce que c'est en anglais?

1 LOCATION DE VÉLOS _____

2 PLATS CUISINÉS À EMPORTER _____

3 LIBRAIRIE – OUVERT 9 – 5.30 _____

4 OUVERTE TOUTE LA JOURNÉE – ENTRÉE 2€ _____

5 Moi, je n'aime pas la lecture. _____

6 J'ai ma propre chambre. _____

7 Je voudrais commander des CD. _____

8 Mon copain n'est pas sensible. _____

9 Tous les week-ends je vais à la librairie. _____

Name: ....

Worksheet 10 Phrases for letters

Faites des paires (anglais–français).

1 Merci de ta dernière lettre

2 J'ai plein de choses à te raconter

3 J'attends avec impatience de tes nouvelles

4 Grosses bises

5 Amitiés

6 À bientôt

7 Je vous remercie de votre lettre du (+ *date*)

8 Je vous écris parce que …

9 Je vous serais reconnaissant(e) si vous pouviez …

10 Est-ce que vous pouvez m'envoyer des informations?

11 Nous avons l'intention de …

12 Salutations distinguées

13 Je vous prie d'agréer, monsieur, l'expression de mes sentiments distingués

a hugs and kisses

b I would be very grateful if you could …

c Thank you for your letter dated …

d I'm eager to hear your news

e I've got lots of things to tell you

f Thank you for your last letter

g We are intending to …

h Could you send me some information?

i See you soon

j Love from

k Yours faithfully

l Yours sincerely

m I am writing to you because …

© John Murray   Teacher's Resource Book 2

Worksheets

Worksheet 11 Talking about your weekend

Qu'est-ce que vous avez fait le week-end passé?

Bravo!

16 L____ s_____, j'ai f_____ m____ devoirs.

15 L'a_____-m_____, j'____ rendu v_____ à m____ tante.

14 Dimanche, j____ m____ s_____ levé(e) à o_____ h_____.

13 J'____ r____ u____ jeu t_____, c'____ e_____.

12 L____ s_____, j'____ regardé l____ t_____.

11 J'____ b____ u____ v____ d____ Coca-Cola.

10 M____, j'____ m_____ u____ sandwich.

9 À midi, n_____ a_____ m_____ dans u____ c_____.

8 J'____ a_____ u____ cadeau p_____ m____ frère.

7 Moi, j'____ a_____ u____ jean.

6 M____ amie a a_____ u____ T-s_____.

5 N_____ s_____ a_____ à u____ magasin de v_____.

4 N_____ sommes a_____ à dix h_____ et demie.

3 M____ a_____ s_____ venus avec m____.

2 J'ai p_____ l'autobus.

Exemple: 1 Je s<u>uis</u> a<u>llé</u> e<u>n</u> v<u>ille</u>. ← **Commencez ici!**

64   Teacher's Resource Book 2   © John Murray

Sheet 1

Name: ....

Worksheet 12 Reflexive verbs

A Remplissez la grille.

En français	En anglais
se lever	
	to get washed
se blesser	
	to hurry
s'arrêter	
	to have a shave
se fâcher	
	to get dressed
se demander	
	to enjoy yourself
se brûler	
	to be interested in
se couper	
	to be quiet
se faire mal	
	to feel ...
se passer	
	to get on with (a person)

B Complétez les phrases.

1 Je _____ suis lev_____ à sept heures et demie.

2 Je _____ suis lav_____ avant de manger le petit déjeuner.

3 Hier, mon amie _____ bless_____ en ville ...

4 L'accident _____ est pass_____ vers midi.

5 Une voiture rouge ne _____ est pas arrêt_____ au feu rouge.

6 Ses parents _____ sont dépêch_____ de la conduire à l'hôpital.

7 Moi, je _____ suis amus_____ à la plage avec Céline.

8 L'après-midi, André _____ est coup_____ les cheveux.

(continued)

Worksheets

Sheet 2

Name: ....

Worksheet 12 Reflexive verbs

C Dans chaque phrase il y a une erreur! *Échangez* les verbes *en gras* pour compléter les phrases correctement. Il faut utiliser chaque verbe *une fois* seulement.

1 «Aïe, je me suis **arrêté** le doigt!» a crié Janine.

   Exemple: «Aïe, je me suis **brûlé** le doigt!» a crié Janine.

2 «Est-ce que tu t'es **passé** les cheveux ce matin?» a demandé mon amie.

3 Elle s'est bien **rasé** à la boum samedi.

4 Il s'est **amusées** deux fois aujourd'hui.

5 L'autobus ne s'est pas **brûlé** au marché.

6 Nous nous sommes très bien **habillée**, merci.

7 Aujourd'hui le prof s'est **coincé** comme toujours.

8 Malheureusement, il s'est **fâché** la cheville.

9 «Qu'est-ce qui s'est **lavé** ici?» a demandé le policier.

10 Elle s'est **amusée** en short et T-shirt.

Sheet 1

Name: ....

Worksheets

Worksheet 13 Talking about problems and illness

> **TIP** You might find these phrases useful when talking about ailments:
> *Qu'est-ce qu'il y a?/Qu'est-ce qui ne va pas?* What is the matter?
> *J'ai mal au/à la/aux . . .* My . . . hurts, I have a pain in my . . .
> *Je me sens malade.* I don't feel well.
> *Je suis tombé(e) malade.* I fell ill.
> *une ordonnance* a prescription
> *Nous avons besoin d'un médecin.* We need a doctor.
> *Pouvez-vous me donner quelque chose pour . . . ?* Can you give me something for . . . ?

A Mariez les images aux problèmes.

1 Je me suis fait mal aux doigts.
2 Je me suis fait mal au genou.
3 Je me suis foulé la cheville.
4 J'ai été piqué par une abeille.
5 J'ai envie de vomir.
6 La tête me tourne.
7 Je suis allergique aux chats.

(continued)

© John Murray   **Teacher's Resource Book 2**   67

Worksheet 13 Talking about problems and illness

B Où avez-vous mal? Attention! *au, à la, à l', aux*?

Exemple: 1   J'ai mal à la tête.

2 _____
3 _____
4 _____
5 _____
6 _____
7 _____
8 _____

9 _____
10 _____
11 _____
12 _____
13 _____
14 _____
15 _____

(continued)

Sheet 3

Name: ....

Worksheet 13 Talking about problems and illness

C C'est une personne, un problème ou un médicament/produit? Remplissez la grille.

pharmacien	comprimés	infirmier	rhume
rougeole	coton hydrophile	mal de tête
crème anti-solaire	mal de mer	opticien
médecin	kinésithérapeute	sparadrap
sirop	pastille	aspirine	patient
antibiotiques	dentifrice	pansement
savon	diarrhée	angine	piqûre d'insecte
psychologue	dentiste	toux

Personnes	Problèmes	Médicaments/produits

© John Murray Teacher's Resource Book 2

Worksheets

Name: ....

Worksheet 14 Adverbial phrases

A Dans chaque phrase, remplacez les mots en gras avec une expression synonyme dans la case.

Exemple: 1 Estelle va à la piscine **à 7h du matin, sans exception.** _tous les jours_

2 Il pleut toujours **le samedi et le dimanche!** _____

3 Ils se lèvent tard **le dimanche.** _____

4 Je me brosse les dents **le matin et le soir.** _____

5 La famille Rossy va au marché **le jeudi et le samedi.** _____

6 Paul rend visite à ses grands-parents au Canada **chaque année, à Noël.** _____

```
deux fois par jour      une fois par semaine
une fois par an         une fois par semaine
trois fois par jour     deux fois par semaine
une fois par mois       tous les jours
          tous les week-ends
```

B Faites des paires. Écrivez la bonne lettre dans chaque case.

1 Quelques minutes plus tard

2 Tout de suite

3 Il venait de faire ça quand …

4 À la fin de l'après-midi

5 Alors, sans hésiter

6 Nous nous sommes mis en route pour …

7 Avant de rentrer

8 «Quel désastre!» ai-je crié.

9 Malheureusement …

10 Après être arrivés en ville, nous …

11 À ma grande surprise, j'ai remarqué que …

12 J'ai jeté un coup d'œil sur l'horloge. «Dix-heures, déjà», ai-je crié …

13 Et puis

14 Après avoir passé une heure très agréable au restaurant, …

15 À la fin de la journée, on s'est rendu compte que …

16 Nous nous étions très bien amusé(e)s

a After spending a very pleasant hour at the restaurant …
b To my great surprise, I noticed that …
c Unfortunately …
d Immediately
e He had just done that when …
f We had had a very good time
g When we arrived in town, we …
h A few minutes later
i So, without hesitation …
j At the end of the afternoon
k I glanced at the clock. 'Ten o'clock already,' I cried …
l 'What a disaster!' I cried.
m At the end of the day we realised that …
n Before coming home
o And then
p We set off for …

Teacher's Resource Book 2   © John Murray

Name: ....

Worksheet 15 Adjectives 1

A Écrivez la bonne forme de l'adjectif indiqué.

1 Ma sœur est plus _____ que moi. [âgé]
2 Mes souris sont _____ et _____ . [brun, blanc]
3 J'ai un tout _____ hamster. [petit]
4 J'ai quelques _____ poissons _____ . [petit, rouge]
5 Il habite une maison _____ . [moderne]
6 Nous avons un _____ jardin. [joli]
7 J'ai plusieurs amies _____ . [français]
8 Sandrine porte une chemise _____ avec une écharpe _____ . [bleu, jaune]
9 À mon avis, elle a l'air _____ . [ridicule]
10 Ma voiture est trop _____ . [vieux]

B Choisissez un adjectif pour remplir les blancs. Attention! Masculin, féminin, pluriel?

1 Je trouve mon prof de français vraiment _____ .
2 Elle avait trois chiens _____ .
3 Mon frère est très _____ .
4 Ta robe est un peu trop _____ à mon avis.
5 Mon frère _____ est insupportable mais je m'entends bien avec ma sœur _____ .
6 Je trouve ces émissions de jeux vraiment _____ .
7 Le bébé est _____ . Il est déjà vraiment _____ .
8 Mon frère est _____ parce que j'ai reçu un _____ ordinateur.
9 Ma tante a beaucoup de _____ animaux. Je les trouve _____ .

méchants	petits	mignons	gâté
paresseux	têtu	jaloux	désagréable
nouvel	courte	cadet	cadette
	ennuyeuses		

C Écrivez des adjectifs. À vous de choisir, mais attention! Masculin, féminin, ou pluriel? (Il est interdit d'utiliser un adjectif plus d'une fois.)

Mon ami(e) est _____ , _____ , _____ , _____ et _____ .

Mes profs sont _____ , _____ , _____ , _____ et _____ .

Un autre membre de ma famille s'appelle _____ . Il/elle est _____ , _____ , _____ et _____ .

Un personnage célèbre s'appelle _____ . Il/elle est _____ , _____ , _____ et _____ .

© John Murray   Teacher's Resource Book 2

Worksheet 16 Talking about your family

A Ces personnages sont masculins, féminins ou les deux? Faites trois listes.

> oncle   nièce   tante   cousine   adulte
> grand-mère   demi-frère   belle-fille   mari
> neveu   gendre   divorcé   adolescent
> enfant unique   copain   jumelles   gens
> veuve   parent

B C'est la famille de qui? Faites des paires.

1. Mes parents sont divorcés. J'habite chez ma mère. J'ai une sœur et deux demi-frères. Nous n'avons pas d'animaux. — c

2. Moi, je suis fils unique. Je n'ai ni frères ni sœurs. J'habite chez mes grands-parents.

3. J'habite avec mes parents et mes deux sœurs. Nous avons un perroquet qui s'appelle Mimi.

4. J'ai trois sœurs et un frère. Mon frère est plus âgé que moi et il n'habite plus chez nous.

5. Ma grand-mère habite chez nous. Ma mère est veuve et j'ai deux sœurs aînées. Nous sommes alors cinq dans la famille.

6. En ce moment, mon oncle habite chez nous avec ses deux perruches. Mes parents et mon frère cadet les adorent.

a

b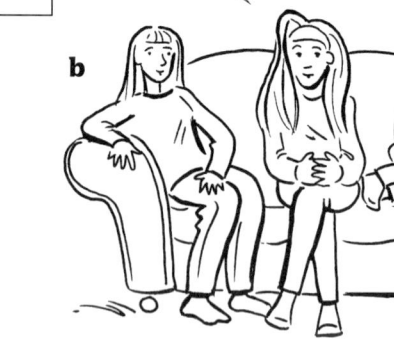

c

d

e

f

(continued)

Sheet 2

Name: ....

Worksheet 16 Talking about your family

C Les membres de ma famille.

D'abord je vais décrire mon _____

Il s'appelle _____

Il a _____ ans.

Il habite _____

Il est _____ et _____

Il a les yeux _____ et les cheveux _____

Il aime _____

Mais il déteste _____

Il travaille _____

Puis il y a _____

Elle s'appelle _____

Elle a _____ ans, c'est-à-dire elle est _____ âgée que moi.

Elle est _____ et _____

Elle adore _____ et _____

mais elle n'aime pas _____

Elle travaille _____

© John Murray   **Teacher's Resource Book 2**

Worksheet 17 Talking about animals

A Quatre personnes parlent de leurs animaux domestiques. Dessinez quatre lignes pour indiquer le bon image pour chaque description.

1. Mon animal domestique s'appelle Bébé. Mois, je crois qu'il est très mignon mais tous mes amis me taquinent parce qu'il n'est pas beau. Mais il est très affectueux et il aime m'aider – il porte le journal, par exemple.

2. Mon animal domestique, Hugolin, est un peu macho – il terrorise les oiseaux mais il n'en attrape pas parce qu'il est trop gros et trop vieux. Il adore le fromage, et son passe-temps préféré, c'est dormir sur mon lit!

3. Mon animal domestique s'appelle Cédric. Il n'aime faire que trois choses – manger, dormir et courir sur la petite roue dans sa cage. Je crois qu'il essaie de rester en forme parce qu'il mange trop!

4. Mon animal domestique s'appelle Isabelle. Elle me parle tout le temps, surtout quand elle a faim – son snack préféré, c'est une pêche. Elle habite dans une grande cage mais elle sort tous les soirs et elle s'asseoit sur mon épaule. Elle est méchante quelquefois – une fois, elle a mordu l'oreille de mon mari!

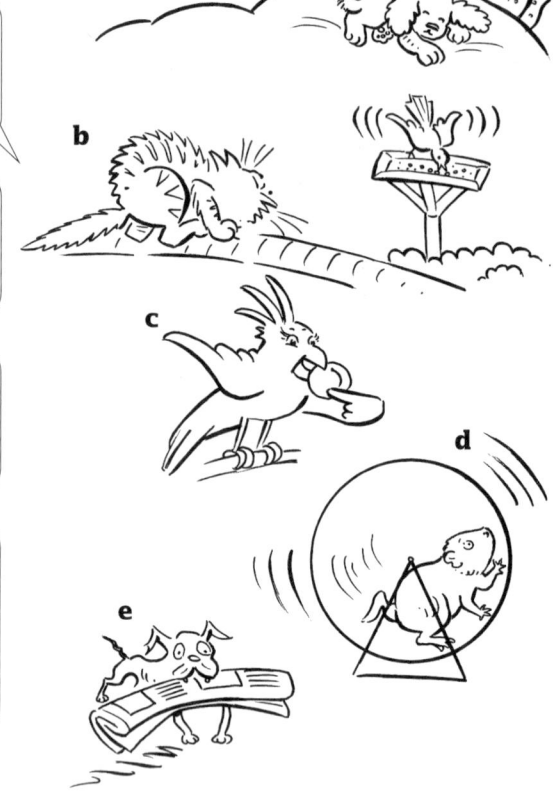

B Pour chaque définition, trouvez le bon animal sauvage dans la case.

Exemple: **1** Cet animal est très grand, il habite en Afrique, il mange des feuilles. __la girafe__

2. Il n'a pas de pattes, il est né d'un œuf, il est souvent dangereux et habite les déserts. _____

3. Cet animal est rayé, herbivore, et vit en troupeaux. _____

4. Cet animal n'a pas de pattes, est né d'un œuf, et il habite dans l'eau. _____

5. Cet animal habite dans l'eau, il n'est pas né d'un œuf, il est très intelligent. _____

6. Cet animal est assez rare et très fort, il dort tout l'hiver, il aime le froid. _____

7. Cet animal a une pelure rayée tres belle, il est menacé de disparition, il est assez féroce. _____

8. Cet animal est bruiteux, multicolore, mange des fruits, habite dans les forêts tropicales. _____

9. Cet animal est assez petit, habite dans l'eau et aussi sur terre, il chante la nuit mais il n'est pas très musical. _____

10. Cet animal est grand mais plein de grâce, il habite dans les montagnes et vole très haut. _____

l'aigle	l'ours blanc	la grenouille
le dauphin	la girafe	le perroquet
le poisson	le serpent	le tigre	le zèbre

Worksheet 18 Clothes and shopping

A Les vêtements. Écrivez le bon mot.

Exemple: **1** STSEKAB ____baskets____

2 HERAUSSUCS _____
3 EHMSIEC _____
4 NTALAOPN _____
5 KIIIBN _____
6 PILS _____
7 OATNLLC _____
8 BORE _____
9 ROTCIT _____
10 GGNIGOJ _____
11 STANG _____

B Qu'est-ce que c'est? Écrivez le bon mot.

Exemple: **1** ___b ague___

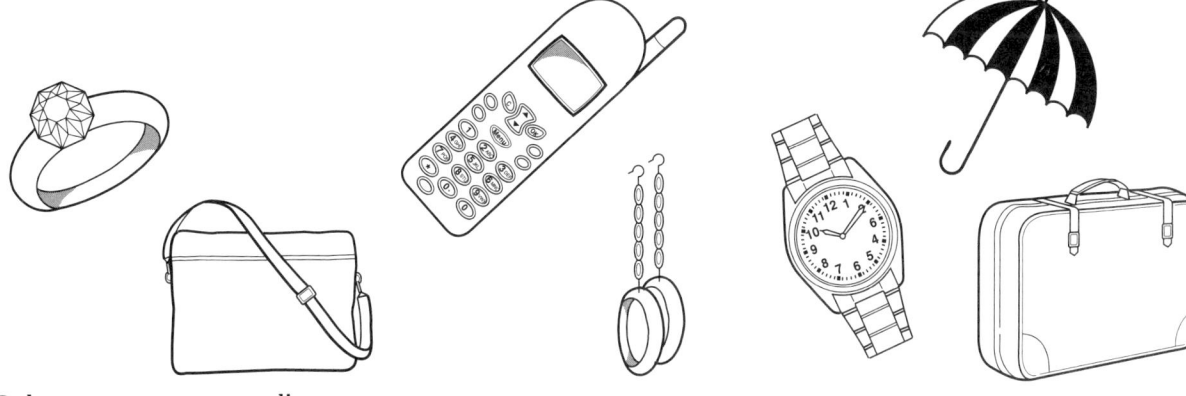

2 b _____ d'_____
3 p _____
4 m _____
5 s ___ __ _____
6 p _____
7 v _____

C Complétez les phrases utiles pour le shopping. Remplissez les blancs en choisissant les mots dans la case.

Exemple: **1** C'est ____quelle____ taille?

2 La couleur ne me _____ pas.
3 C'est pour _____ .
4 C'est un peu _____ grand, je crois.
5 Est-ce que vous avez quelque chose de _____ cher?
6 Vous l'_____ d'une autre couleur?
7 Où est le _____ de chaussures, s'il vous plaît?
8 Je voudrais _____ ces sandales, s'il vous plaît.
9 Je _____ le sac jaune, je crois.
10 Je fais du quarante-_____ .

offrir	ouvrir	essayer	essuyer
quel	~~quelle~~	va	vas	avez
avoir	deux	moins	mois	trop
	rayon	préfère	préféré	

Worksheet 19 Perfect tense 2

A Fill in the table.

Anglais	Infinitif	Participe passé
to do/make	faire	fait
to read	lire	
to put		
	manger	
	boire	
		parlé
	acheter	
to take	prendre	
		vu
		dormi
	finir	
		ouvert
to be able		pu

B Write these sentences in the perfect tense.

1 Nous (**faire**) _____ des courses et puis nous (**visiter**) _____ le musée des motos.

2 Je (**manger**) _____ un sandwich et je (**boire**) _____ un verre de limonade.

3 Je (**prendre**) _____ le train mais je (**oublier**) _____ mon billet.

4 Tu (**lire**) _____ le livre que je te (**donner**) _____ ?

5 Les ados (**jouer**) _____ à la plage et les adultes (**bavarder**) _____ devant la tente.

C Add any past participle which fits the sense.

1 Hier, j'ai _____ des baskets très à la mode.

2 Mon copain a _____ de la planche à voile.

3 Pauline et Jeanette n'ont pas _____ leurs devoirs.

4 Christophe a _____ son maillot de bain.

5 Est-ce que tu as _____ le match samedi, Alain?

6 Qu'est-ce que tu as _____ pour le petit déjeuner, Marie?

7 Moi, j'ai _____ vingt euros ce matin.

8 J'ai _____ mes nouveaux baskets.

Worksheet 20 Talking about the future

A *Aller* + infinitif. Remplissez les blancs.

Exemple: **1** Nous ____allons____ prendre le train.

2 Les jeunes _____ rester jusqu'à minuit.

3 Moi, je _____ rentrer demain matin.

4 Mon frère et moi, nous _____ acheter un ordinateur.

5 Où est-ce que vous _____ manger ce soir?

6 Est-ce que tu _____ te marier, Estelle?

7 Je _____ aller à la police.

8 Ils _____ arriver tout de suite.

9 Nous _____ nous asseoir ici.

10 Je _____ me coucher tard.

B Le futur simple. Remplissez les blancs.

Exemple: **1** J'(**aller**) ____irai____ à la banque cet après-midi.

2 Nous (**rentrer**) _____ à six heures.

3 Je (**rendre**) _____ visite à mon professeur.

4 Les voitures (**revenir**) _____ dans une demi-heure.

5 Toutes les filles (**rester**) _____ ici ce matin.

6 Les garçons (**nettoyer**) _____ les WC.

7 Et vous? Vous (**faire**) _____ vos devoirs.

8 La situation ne (**changer**) _____ pas du tout.

9 Les gens (**avoir**) _____ l'équipement nécessaire.

10 Magali (**finir**) _____ ses études en août.

C Complétez les phrases au futur en utilisant vos propres mots.

1 Nous _____ beaucoup de travail à faire.

2 On _____ à huit heures.

3 Simone _____ avec son professeur.

4 Le prof ne _____ pas les élèves.

5 Qui _____ en été?

6 Moi, je _____ pendant deux heures.

7 Et vous, vous _____ jusqu'à neuf heures.

8 Ils s'_____ avec plaisir.

© John Murray   **Teacher's Resource Book 2**

Worksheets

Name: ....

Worksheet 21 Before and after

A Décrivez les paires d'images, utilisant *avant de* . . .

Exemple: **1** Avant de faire le repassage, elle a téléphoné à Paul.

2 _____
3 _____
4 _____
5 _____
6 _____

B Décrivez les paires d'images, utilisant *après avoir* . . .

Exemple: **1** Après avoir téléphoné à Paul, elle a fait le repassage.

2 _____
3 _____
4 _____
5 _____
6 _____

Teacher's Resource Book 2 © John Murray

Name: ....

Worksheets

Worksheet 22 Countries and geography

A C'est quel pays européen? Pour vous aider, les pays sont numérotés en ordre alphabetique.

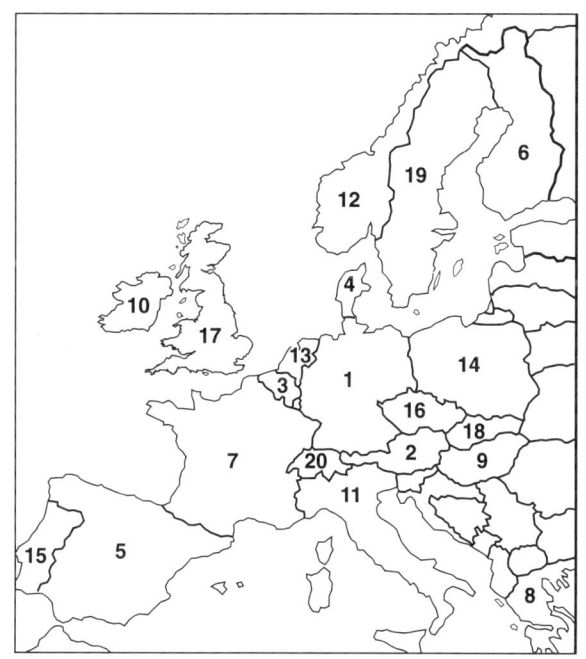

1 LAGENMELA	ALLEMAGNE	11 ALTEII	
2 IEHCRUTA		12 ÈGOVREN	
3 QUILBEGE		13 YAPS-SBA	
4 ANAKRMED		14 GNEOLOP	
5 NEPSAGE		15 ROTULAPG	
6 ANDIFELN		16 QUELBIPÉRU ÈUQETCH	
7 ECRAFN		17 AMEUROY-NUI	
8 GECÈR		18 KOLSAVEI	
9 HINROGE		19 ÈDESU	
10 IDENALR		20 SSIUES	

B Ces pays se trouvent en quel continent? Europe, Asie, Amérique, Afrique?

1 la Chine	Asie	8 le Japon	
2 le Canada		9 l'Argentine	
3 la Finlande		10 le Pakistan	
4 la Tunisie		11 l'Irlande	
5 le Portugal		12 les Pays-Bas	
6 les États-Unis		13 l'Inde	
7 le Burundi		14 la Côte d'Ivoire	

© John Murray **Teacher's Resource Book 2** 79

Worksheets

Name: ....

Worksheet 23 Talking about towns, countries and nationalities

A Remplissez les blancs avec *en, au, aux* ou *à*.

1 Mon correspondant habite _____ Italie.

2 Est-ce que ton frère habite _____ Londres?

3 Nous habitons _____ Canada.

4 Il est allé _____ Belgique.

5 Leur maison se trouve _____ Rouen.

6 Ils ont passé deux semaines _____ Afrique.

7 Je voudrais voyager _____ Égypte.

8 On parle français _____ Maroc.

9 Je n'ai aucune envie d'habiter _____ Paris.

10 Ils sont allés _____ États-Unis.

11 Ils vont passer trois mois _____ Washington.

12 Nous avons passé une nuit _____ Douvres.

B Remplissez les blancs.

1 Genève est une ville importante qui se trouve _____

2 La capitale de la _____ s'appelle Moscou.

3 Venise est une belle ville _____

4 La capitale de l'Allemagne s'appelle _____

5 Il habite Le Touquet dans le _____ de la France.

6 La capitale de _____ s'appelle Varsovie.

7 Cantorbéry se trouve dans le sud-est de _____

8 La capitale de l'Écosse, c'est _____

9 Lily vient régulièrement à Vienne, la capitale de l'_____

10 La plus grande ville de la _____ , c'est Londres.

C Choisissez un adjectif dans la case pour remplir chaque blanc. Attention – quelquefois il faut changer la forme des adjectifs!

| anglais | allemand | autrichien | espagnol |
| français | indien | italien | |

1 J'aime bien les gâteaux _____ , mais je préfère surtout les gâteaux _____ .

2 La spécialité _____ que j'aime, c'est la choucroute.

3 Le fromage _____ que je déteste, c'est le Stilton.

4 Les pâtes? Non, merci, je n'aime pas la nourriture _____ .

5 J'adore la nourriture épicée, et je mange souvent des repas _____ .

6 Aujourd'hui, nous avons des tomates _____ , des poires _____ et des oignons _____ .

Teacher's Resource Book 2 © John Murray

Worksheet 24 Talking about the weather

A Remplissez les blancs.

Présent	Imparfait
Il pleut	Il pleuvait
Il neige	
Il fait beau	
	Il faisait du vent
	Il gelait
Il y a du tonnerre	
	Le soleil brillait
Il y a des nuages	
	Il faisait froid
Il y a des éclairs	
La pluie tombe	

B Trouvez la bonne phrase en anglais (a–j) pour chaque phrase en français (1–8).

1. On prévoit des averses.
2. vents forts partout
3. temps ensoleillé sur toute la région
4. un peu plus frais qu'hier
5. Il fera du brouillard.
6. Il fera trente degrés à l'ombre.
7. un temps humide et chaud
8. des orages violents

a a bit cooler than yesterday
b hot and humid
c strong winds everywhere
d cloudy everywhere
e sunny throughout the area
f terrible storms
g a bit colder than yesterday
h There will be fog.
i Showers are forecast.
j It will be 30 degrees in the shade.

Worksheets

Name: ....

Sheet 1

Worksheet 25 More verb practice

A Complétez la table.

Infinitif	Phrase française	Phrase anglaise
vouloir	j'ai voulu	I wanted
	nous avons été	
	il n'a pas pu	
	elle est partie	
	nous disons	
	vous faites	
	qu'as-tu bu?	
	ils viennent	
	je vois	
	ils lisent	
	elles font	
	il part	
	nous sommes	
	on a écrit	
	nous écrivons	

B Écrivez les bonnes phrases a) au présent b) au passé composé.

1 Le train (**partir**) à 16h30.

    Exemple: **a** *Le train part à 16h30.*
                b *Le train est parti à 16h30.*

2 J'(**écrire**) un mél à un vieux copain.

    a _____

    b _____

3 Avant de commander, nous (**lire**) la carte.

    a _____

    b _____

4 Est-ce que tu (**pouvoir**) comprendre les instructions?

    a _____

    b _____

5 Nous (**être**) heureux d'être là.

    a _____

    b _____

(continued)

Sheet 2

Name: ....

Worksheet 25 More verb practice

6 Je ne (**voir**) pas le cycliste enivré.

   a _____

   b _____

7 Est-ce que vous (**vouloir**) lire ce magazine?

   a _____

   b _____

8 Que (**dire**)-vous?

   a _____

   b _____

9 Le train (**partir**) à quelle heure?

   a _____

   b _____

Worksheet 26 Talking about parts of a car

A C'est quelle partie de la voiture?

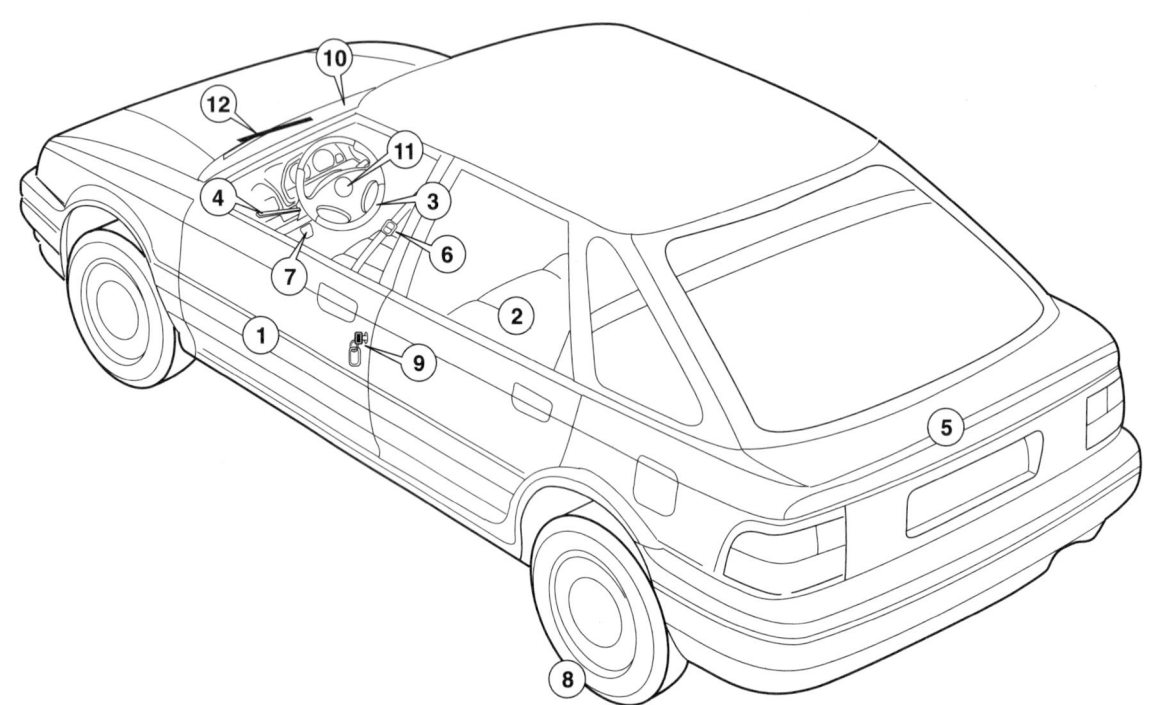

le volant	le clignotant	le coffre
la ceinture de sécurité		la portière
les freins	le pneu	la clé	le pare-brise
les essuie-glaces	le klaxon	les sièges

1 _____
2 _____
3 _____
4 _____
5 _____
6 _____
7 _____
8 _____
9 _____
10 _____
11 _____
12 _____

B Problèmes en route! Complétez les phrases. Utilisez le vocabulaire de l'exercice A.

1 J'ai un problème. Le c_____ sur la gauche ne marche pas.

2 Ah non! J'ai perdu la c____ de ma voiture!

3 Aïe! Le p_____-b_____ est cassé.

4 Écoute! Le k_____ ne fonctionne pas.

5 Malheureusement, j'ai un p_____ crevé.

6 Mets les sacs dans le c_____, Janine.

7 Je crois que les f_____ ne marchent pas bien.

8 Quand il pleut, il faut utiliser les e_____-g_____ .

Name: ....

Worksheet 27 Questions

> **TIP** Here are some key phrases for questions:
>
> *Combien?* How many?/how much?
> *Comment?* How?/what ... like?
> *Depuis quand?* Since when?/for how long?
> *Où?* Where?
> *Lequel?/laquelle?/lesquels?/lesquelles?* Which one(s)?
> *Pourquoi?* Why?
> *Quand?* When?
> *Quel...?/quelle...?/quels...?/quelles...?* Which...?
> *Qui est-ce qui...?/qui'est-ce que... ?* –Who...?
> *Qu'est-ce qui...?/qu'est-ce que...?* What...?
> *Que...?* What...?
> *Qui...?* Who...?
> *À quelle heure?* At what time?
> *Pour quelle raison?* For what reason?

A Remplissez les blancs pour compléter les questions.

1 _____ tu as mangé hier, Pauline?

2 _____ habites-tu ici, Michel?

3 _____ est-ce que tu te couches?

4 _____ portes-tu un anorak en été, Jennifer?

5 _____ vas-tu, Denis?

6 _____ est ton nouvel appartement, Djamal?

7 _____ faites-vous ce soir, mes enfants?

8 _____ gagnes-tu par semaine?

B Voici des réponses. Inventez les questions!

1 À sept heures moins le quart. _____

2 Parce que je n'ai pas fait mes devoirs. _____

3 Sur la table, à côté de ton sac. _____

4 À l'âge de dix ans. _____

5 Depuis hier, docteur. _____

6 Ma matière préférée, c'est le français, bien sûr! _____

7 Mon oncle et ma tante. _____

8 Elle est grande et très très belle. _____

9 Je préfère la jupe en jaune. _____

10 Rien. _____

© **John Murray** **Teacher's Resource Book 2**

Worksheets

Name: ....

Worksheet 28 Possessive adjectives

Possessive adjective ...	... with masculine noun	... with feminine noun	... with plural noun
my	mon	ma	mes
your	ton	ta	tes
his	son	sa	ses
her	son	sa	ses
our	notre	notre	nos
your	votre	votre	vos
their	leur	leur	leurs

A Remplissez les blancs: choisissez les bons mots dans la grille ci-dessus.

1 Oh, zut! J'ai oublié _____ cahier.

2 Est-ce que tu as _____ carte d'identité, André?

3 _____ tante s'appelle Monique, n'est-ce pas, Sacha?

4 J'ai laissé _____ bagages à la gare.

5 Nous avons lavé _____ voiture ce matin.

6 J'ai acheté _____ billet en avance.

7 Ces hommes ont stationné _____ voiture devant ma porte!

8 Voici _____ résultats, mes élèves.

9 Prenez _____ places maintenant, mesdames et messieurs.

10 J'ai un problème avec _____ vélo.

B *Son, sa* ou *ses*? Traduisez les mots en gras.

Exemple: 1 He hates **his** sister. ___sa___

2 She loves **her** boyfriend. _____

3 She has eaten **his** sandwiches. _____

4 He has forgotten **his** homework. _____

5 **His** mother is quite old. _____

6 She visits **her** aunt regularly. _____

7 She will show you **her** violin if you ask her. _____

8 **Her** car is an old wreck. _____

9 He thinks **his** car is wonderful. _____

10 **Her** new shoes look hideous. _____

11 **His** socks are a funny colour. _____

12 **Her** grandfather is eighty-four. _____

Worksheet 29 Imperfect tense: *les alibis*

Il y a eu un meurtre! Le détective interroge plusieurs suspects pour découvrir ce qu'ils faisaient cet après-midi-là. Qu'est-ce qu'ils disent?

1. Je jouais aux cartes.

Worksheet 30 Phrases for conversations

1. Quel dommage!
2. Vous avez raison.
3. Tu as tort.
4. C'est vrai, mais . . .
5. Ça serait une bonne idée!
6. Moi aussi.
7. Je ne suis pas d'accord.
8. Vous êtes très aimable.
9. Je vous en prie.
10. Je ne l'ai pas fait exprès.
11. N'en parlons plus.
12. Ce ne serait pas pratique.
13. Il faut avouer que . . .
14. As-tu envie de . . . ?
15. Absolument pas.
16. Il n'y a pas de quoi.
17. Ne vous en faites pas.
18. Je crois que oui.
19. Qu'en penses-tu?
20. À mon avis, c'était la faute de . . .

a. What do you think?
b. I think . . . was to blame.
c. That would not be practical.
d. You are very kind.
e. Don't mention it.
f. So do I/same here.
g. I don't agree.
h. You're wrong.
i. What a shame!
j. I think so.
k. I didn't do it on purpose.
l. You're right.
m. I must admit that . . .
n. That's true, but . . .
o. That would be a good idea.
p. Let's not talk about it any more.
q. Do you want to . . . ?
r. Absolutely not.
s. Don't worry about it.
t. Don't mention it.

Worksheet 31 Talking about jobs

A Homme, femme ou les deux? Faites trois listes.

Homme	Femme	Les deux

employée de banque   boulangère
concierge   kinésithérapeute
architecte   musicien
informaticienne   institutrice
directrice   serveur
jardinier   agent de police
marchand de légumes
plombier   dentiste
pilote   professeur
vétérinaire   secrétaire   avocat
infirmier   mécanicienne
coiffeuse   vendeuse
programmeur   fermier
maître nageur   pharmacienne
chômeuse   hôtelier
journaliste   peintre

B C'est quelle personne? Cherchez les réponses dans l'exercice A.

1 Il/elle enseigne dans une école maternelle. _____

2 Il/elle écrit les articles dans un journal. _____

3 Il/elle n'a pas trouvé de travail. _____

4 Il/elle travaille dans un magasin. Il/elle vous donne des médicaments. _____

5 Il/elle s'occupe de la loi. _____

6 Il/elle passe tout son temps avec des ordinateurs. _____

7 Il/elle peint des portraits, par exemple. _____

8 Il/elle travaille dans un hôpital où il/elle soigne les patients. _____

9 Il/elle gagne son argent en jouant d'un instrument de musique ou en chantant.

10 Il/elle s'occupe des animaux malades. _____

11 Il/elle vend des tomates. _____

© John Murray   **Teacher's Resource Book 2**

Worksheet 32 Prepositions

A *Du, de la, de l', des?* Choisissez et remplissez les blancs.

1 Je voudrais _____ fromage, s'il vous plaît.

2 Avez-vous _____ œufs?

3 On a mangé _____ abricots et _____ prunes.

4 Mon copain joue _____ trompette.

5 Sa sœur joue _____ violon.

6 Nous avons _____ renseignements pour vous.

7 Donnez-moi _____ oignons, s'il vous plaît.

8 Tu veux _____ eau, Dany?

9 Est-ce qu'il y a _____ place ici?

10 Vous avez _____ frères ou _____ sœurs?

B *Au, à la, à l', aux?* Choisissez et remplissez les blancs.

1 Je vais _____ cinéma ce soir.

2 Nous allons _____ marché ce matin.

3 Mon oncle est allé _____ hôpital.

4 On revient _____ hôtel à sept heures.

5 J'aime jouer _____ rugby.

6 Je n'aime pas jouer _____ échecs.

7 Je m'intéresse _____ musique rock.

8 Je ne m'intéresse pas tellement _____ sites historiques.

9 Tu vas _____ boum, Martine?

10 Le train arrivera _____ Touquet à cinq heures.

C Remplissez les blancs avec *du, de la, de l', des* ou *de*.

1 Je n'ai pas _____ argent.

2 Tu voudrais un verre _____ limonade, Alice?

3 Je voudrais aussi _____ bananes.

4 Vous voulez combien _____ bananes?

5 Avez-vous _____ glace?

6 Je voudrais deux kilos _____ pommes de terre.

7 Mon copain n'a pas _____ stylo, monsieur.

8 Il y a beaucoup _____ bruit ici!

9 Vous avez _____ monnaie, monsieur?

10 Mon père n'a pas _____ cheveux.

Name: ....

Worksheet 33 Talking about a day of work experience

Vous racontez la première journée de votre stage dans un supermarché. Inventez pour remplir les blancs avec des mots appropriés.

Je devais faire un stage chez _____ . C'était ma première journée.

À _____ heures du matin, après avoir mangé _____ , j'ai quitté la _____ .

Il faisait froid, alors je portais _____ . Dans mon sac, j'avais _____ . J'ai pris _____ pour aller à mon lieu de travail. Je suis arriv____ au supermarché à _____ .

Mon chef de section, qui s'appelait _____ , m'attendait. « _____ » a-t-elle dit. J'ai fait la connaissance de _____ aussi.

Mme _____ nous a parlé de _____ et de _____ .

Elle nous a donné des chapeaux nécessaires pour le travail à la boulangerie.

J'ai travaillé pendant _____ à la boulangerie. J'ai trouvé ça _____ .

Pour le déjeuner, on a mangé _____ avec _____ .

Moi, j'ai mangé _____ et j'ai bu _____ .

L'après-midi, j'ai aidé _____ . Il fallait porter des cartons lourds. C'était très _____ .

À quatre heures, nous avons _____ et à _____ je suis rentr____ à la maison. C'était une journée _____ !

Worksheet 34 Saying what you must do

A Complétez les phrases – dans chaque blanc il faut mettre un seul mot. Choisissez dans la case.

1 Pour rester en forme, on _____ pratiquer un sport.
2 Il est _____ de porter l'uniforme scolaire.
3 Quand je faisais mon stage, il _____ arriver à huit heures du matin.
4 Ma grand-mère travaillait comme boulangère, et elle _____ commencer le travail très tôt.
5 Il est _____ de fumer dans les ascenseurs.
6 Pour devenir médecin, il est _____ d'étudier pendant plusieurs années.
7 Quand on voyage par TGV, il _____ faire une réservation.
8 C'est la fête des mères – je _____ acheter un cadeau pour maman!
9 Il n'est pas _____ de stationner devant la sortie.

| devait | dois | doit | fallait | faut |
| interdit | nécessaire | obligatoire | | permis |

B Camping cauchemar! Inventez les règles d'un camping extrêmement strict et très ennuyeux.

Exemple: Il ne faut pas jouer d'instruments.
Il n'est pas permis de faire des pique-niques.

Règles du camping

Worksheet 35 Expressions with *ne* . . .

A Faites l'interprète! Traduisez en anglais.

1 Je n'avais aucune envie d'entrer dans le bâtiment.

2 Mon oncle n'avait qu'un œil.

3 Tu n'a jamais vu la mer, Patrick?

4 Je n'aime ni la musique pop ni la musique classique.

5 Je ne joue plus du violon.

6 Ma copine ne va plus à l'école de danse.

7 Elle n'aime ni les émissions de sport ni les feuilletons.

8 Nous ne sommes arrivés qu'à sept heures.

9 Je ne suis allée en France qu'une fois.

B Écrivez des phrases avec un sens contraire.

1 Il **va toujours** au marché.
   Exemple: Il **ne va jamais** au marché.

2 Ils **ne jouent jamais** au rugby.

3 Il **ne gagne rien**.

4 Abdul **ne dort jamais** en classe.

5 Maribel? Oui, je **l'aime encore**.

6 **Tombez**, Pierre!

7 Mimi **a tout vu**.

8 Les fruits? J'**en mange tout le temps**.

© John Murray **Teacher's Resource Book 2**

Worksheet 36 Comparisons

A C'est qui? C'est quoi? Trouvez les réponses dans la case.

1 la boisson la plus célèbre du monde _____

2 la montagne la plus haute du monde_____

3 l'animal le plus grand du monde _____

4 la planète la plus froide du système solaire _____

5 l'océan le plus profond du monde _____

6 un des hommes les plus riches du monde _____

> cheval   Mont Blanc   Pluton   Vénus
> Nelson Mandela   Pacifique   Atlantique
> Orangina   Everest   souris   Bill Gates
> Coca-Cola   baleine

B Donnez votre opinion. Nommez:

1 le meilleur film du monde _____

2 la plus belle vedette du monde _____

3 le footballeur le plus doué du monde _____

4 l'élève le plus intelligent de votre classe _____

5 la matière la plus intéressante de l'école _____

6 la matière la plus ennuyeuse du monde _____

7 l'émission de télévision la plus énervante _____

8 le professeur le plus âgé de votre école _____

9 la chose la plus importante que vous possédez _____

C Remplissez les blancs.

1 Mon frère est plus âgé _____ moi.

2 Ma sœur est _____ petite que moi.

3 Nous avons deux voitures. La Ford est _____ vieille que la Porsche.

4 Mon frère cadet est _____ paresseux que moi.

5 Mon amie chante mieux _____ moi.

6 J'aime voyager en voiture. C'est _____ agréable _____ en autobus.

7 J'adore lire. C'est _____ intéressant _____ regarder la télévision.

8 Je me couche _____ tard que mon copain.

Name: ....

Worksheet 37 Adjectives 2

A Remplissez la grille.

Masculin	Féminin
	ancienne
beau	
	blanche
cher	
	douce
épais	
	fascinante
faux	
	favorite
frais	
	gentille
heureux	
	historique
intéressant	
	jolie
long	
	nouvelle
vieux	

B Remplissez les blancs en choisissant des mots dans la case ci-dessous.

1 Je voudrais de la crème _____ , s'il te plaît.

2 J'adore le ton _____ de la flûte.

3 Mes professeurs sont très _____ .

4 As-tu vu notre _____ voiture, Ahmed?

5 Mes émissions _____ sont les feuilletons.

6 À mon avis, le voyage était trop _____ .

7 Tes _____ chaussures me semblent un peu trop grandes.

8 Laquelle préfères-tu, la jupe jaune ou la jupe _____ ?

9 Mon chat fait toujours des bêtises. Il est complètement _____ .

10 Cette _____ femme est très intelligente.

favorites	long	fou	vieille	folles
nouvelles	nouveaux	doux	douces
frais	nouvelle	fraîche	vieux	blanc
gentilles	gentils	blanche	blancs

C Traduisez en français en utilisant les mots indiqués.

1 an expensive pair of trousers [cher] _____

2 my former teacher [ancien] _____

3 my own room [propre] _____

4 a tall man [grand] _____

5 a clean shirt [propre] _____

6 the ancient cathedral [ancien] _____

7 a great man [grand] _____

8 a courageous child [brave] _____

9 a fat child [gros] _____

10 a serious problem [gros] _____

© John Murray   Teacher's Resource Book 2

Worksheet 38 Finding your way around a youth hostel

Faites des paires.

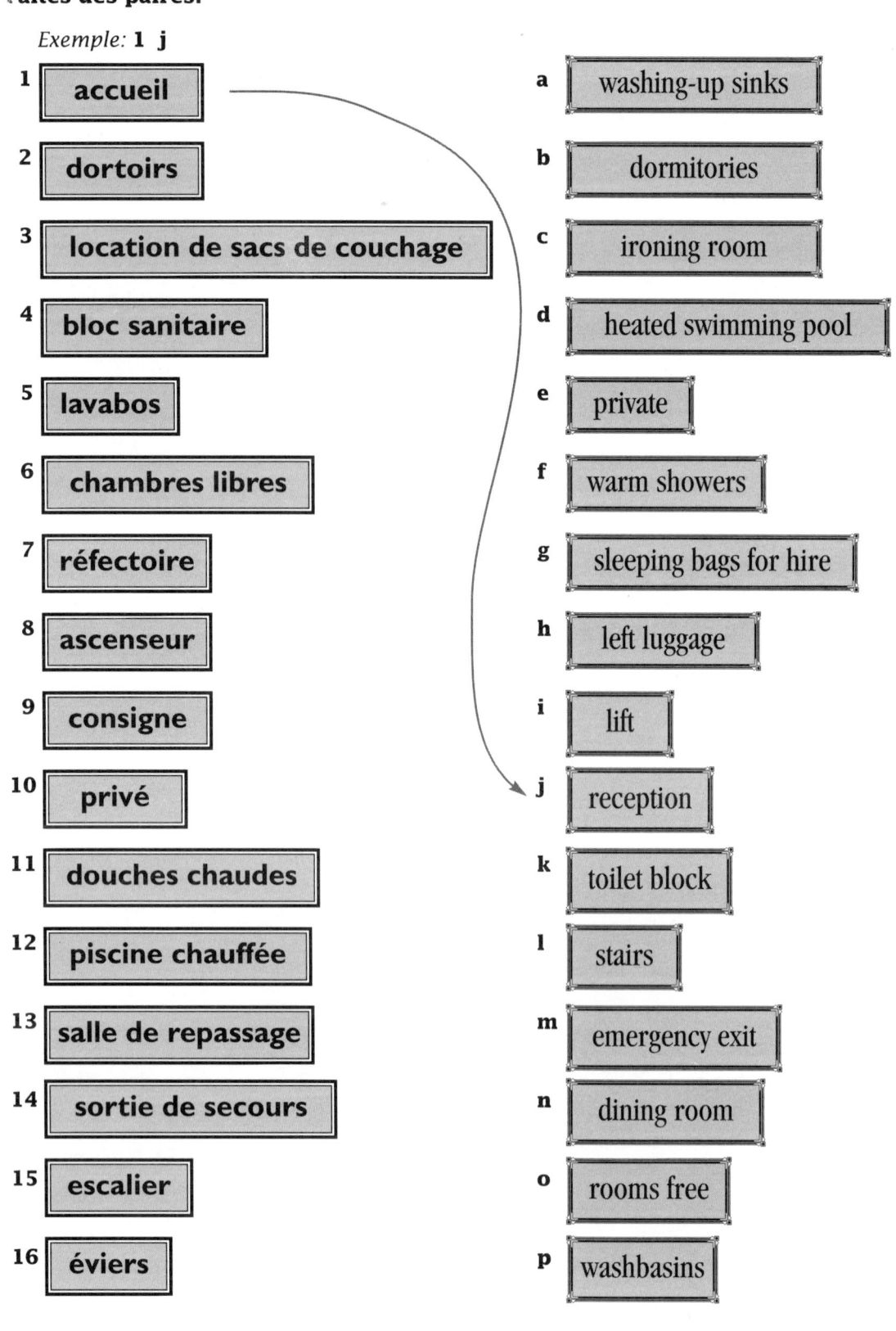

Exemple: **1 j**

1	accueil	a	washing-up sinks
2	dortoirs	b	dormitories
3	location de sacs de couchage	c	ironing room
4	bloc sanitaire	d	heated swimming pool
5	lavabos	e	private
6	chambres libres	f	warm showers
7	réfectoire	g	sleeping bags for hire
8	ascenseur	h	left luggage
9	consigne	i	lift
10	privé	j	reception
11	douches chaudes	k	toilet block
12	piscine chauffée	l	stairs
13	salle de repassage	m	emergency exit
14	sortie de secours	n	dining room
15	escalier	o	rooms free
16	éviers	p	washbasins

Name: ....

Worksheet 39 The conditional

A Complétez les phrases suivantes. Choisissez un verbe dans la case et mettez-le au conditionnel.

1 Si je travaillais plus souvent, je _____jouerais_____ mieux du piano.

2 Si j'avais 18 ans, j'_____ à conduire.

3 Si j'étais plus énergique, je _____ du jogging.

4 Si j'avais assez d'argent, j'_____ un nouveau portable.

5 Si ses parents permettaient, il _____ tous les soirs!

6 Si vous alliez en safari, vous _____ des lions et des éléphants.

7 Si Olivia savait nager, elle _____ se baigner dans la mer.

| jouer | acheter | apprendre | pouvoir |
| voir | sortir | faire | |

B Décrivez votre collège de rêve. Répondez aux questions.

Qu'est-ce qu'il y aurait?	Comment seraient les élèves?
Qu'est-ce qu'il n'y aurait pas?	Qu-est-ce qu'on porterait?
À quelle heure est-ce qu'on arriverait?	Qu'est-ce qu'on mangerait?
À quelle heure est-ce qu'on partirait?	Est-ce qu'on passerait des examens?
Qu'est-ce qu'on étudierait?	Comment serait les salles de classe?
Comment seraient les profs?	

© John Murray **Teacher's Resource Book 2**

Worksheet 40 Pronouns

A *Le, la, l', les?* Remplissez les blancs.

1 Le bateau? Est-ce que tu _____ vois là-bas?
2 Où est mon portefeuille? Je ne _____ vois pas!
3 La musique pop? Je _____ adore.
4 Voici ma nouvelle jupe. Tu _____aimes, Sammy?
5 Des tomates? Non, merci, je ne _____ supporte pas!
6 Le journal? Oui, je _____ lis tous les jours.
7 Un film de Gérard Depardieu? Non merci! Je _____ déteste.
8 Christophe! Ta chambre est une poubelle! Range-_____! Immédiatement!
9 Ma veste? Pose-_____ sur la chaise, s'il te plaît.

B Le passé composé. Complétez les phrases.

1 Mon album, tu _____ as vu_____ , chérie?
2 Mes gants! Je _____ ai laissé_____ au café!
3 Vos devoirs, vous _____ avez fait_____ , mes enfants?
4 La voiture, est-ce que vous _____ avez réparé_____?
5 Maman, mes revues, où est-ce que tu _____ as mis_____?
6 Ah non, mes devoirs! Tu _____ as mangé_____ , Fido?
7 Je n'aimais pas cette vieille robe. Je _____ donné_____ à Marie.

C Les mots ne sont pas dans le bon ordre. Rangez-les!

1 est-ce aider Monsieur que m' pouvez vous?

   Exemple: Monsieur, est-ce que vous pouvez m'aider?

2 Je ai vous déjà réponse la dit.
_____

3 vais Je donner te pour l'argent sandwichs tes.
_____

4 Bon continuez écoute vous je monsieur.
_____

5 Est-ce que envoyer vous des brochures pouvez m'.
_____

6 Il nous a pas vus ne.
_____

7 Nous avons une heure pendant regardés vous.
_____

Worksheet answers

Worksheet answers

Worksheet 1 Numbers

A Solution
1 quatorze
2 cent
3 deux cents
4 cinquante
5 quarante
6 quinze
7 mille
8 quatre-vingts
9 soixante
10 soixante-dix
11 quarante-cinq
12 cinquante-quatre
13 dix-sept
14 quatre-vingt-dix

C Solution
1 C'est le zéro trois, vingt-trois, quarante-cinq, **soixante-cinq**.
2 C'est le zéro quatre, quatre-vingt-dix, quatre-vingt-quinze, quatre-vingt-**douze**.
3 C'est le zéro trois, vingt-**quatre**, vingt-**cinq**, dix-sept.
4 C'est le zéro deux, trente-cinq, soixante-**dix-huit**, soixante-**sept**.
5 C'est le zéro cinq, soixante-cinq, **cinquante**-six, **quatre-vingt-dix-neuf**.
6 C'est le zéro quatre, soixante-dix-sept, quatre-vingt-dix-sept, quatre-vingt-**sept**.

D Solution
1 vingt-quatre
2 quatre-vingts
3 soixante-dix-sept
4 soixante-sept
5 quatre-vingt-neuf
6 quatre-vingt-dix-huit
7 deux cent cinquante-six mille, neuf cent soixante-dix-huit
8 un million, cinq cent trente-quatre mille, six cent quatre-vingt-douze

Worksheet 2 Useful phrases for role-plays

A Solution
1 vous
2 vous
3 tu
4 vous
5 tu
6 vous
7 vous
8 vous
9 tu

B Solution
NB Also accept other appropriate forms.
1 Il y a une piscine près d'ici?
2 La plage, c'est à quelle distance?
3 Où est le marché?
4 Il y a une station service près d'ici?
5 Le stade, c'est à quelle distance?
6 Pour aller au syndicat d'initiative, s'il vous plaît?
7 Pour aller à la gare (SNCF), s'il vous plaît?
8 Il y a une boulangerie près d'ici?
9 La pharmacie, c'est à quelle distance?
10 Où est le guichet, s'il vous plaît?

C Solution
NB Also accept other appropriate forms.
1 Payer par chèque, c'est possible?
2 Il faut avoir une pièce d'identité?
3 Il faut commander en avance?
4 Il faut changer?
5 Je voudrais changer ces chaussures. C'est possible? Je les ai achetées hier.
6 Je voudrais une chambre au rez-de-chaussée. C'est possible?
7 Je voudrais envoyer un fax en Grande-Bretagne. C'est possible?
8 Je peux téléphoner?
9 Il faut payer?

D Solution
NB Also accept other appropriate forms.
1 (Dites-moi), ça coûte combien, les pêches?
2 Tu as combien de frères et de sœurs?
3 S'il vous plaît – où est le supermarché le plus proche?
4 Excusez-moi/S'il vous plaît, trois cafés, c'est combien?
5 (Dites-moi), c'est combien, les ananas?
6 Tu restes combien de jours?
7 S'il vous plaît, montrez-moi, il y a combien de cerises dans un demi-kilo?

Worksheet 3 Talking about food and drink

A Solution
À manger: chou-fleur, gâteau, saucisson, poisson, crudités, porc, brioche, galette, pâtes, oignons, poivrons, ananas
À boire: citron pressé, thé, chocolat chaud, pastis, eau, lait

B Solution
Légumes: champignon, haricot vert, chou, petits pois, aubergine, poireau, brocolis, carotte
Pas légumes: baguette, canard, jambon, viande, poulet, vinaigre, huile, truite, glace, cerise, groseille, prune, moules, riz.

C Solution
1 banane
2 citron
3 fraise
4 cerise
5 poire/pomme
6 kiwi
7 abricot
8 raisin
9 orange
10 pomme/poire

Worksheet answers

D Solution
1 Je voudrais une bouteille de **limonade**.
2 Donnez-moi un kilo de **pommes/pommes de terre**.
3 Deux cents grammes de **pâté**.
4 Je voudrais une tasse de **thé**.
5 Je voudrais un paquet de **chips**.
6 Donnez-moi trois kilos de **pommes de terre/pommes**.
7 Deux tranches de **jambon**.
8 Je voudrais un morceau de **tarte au citron**.

Worksheet 4 Days, dates and times

A Solution

les jours	les mois
lundi	janvier
mardi	février
mercredi	mars
jeudi	avril
vendredi	mai
samedi	juin
dimanche	juillet
	août
	septembre
	octobre
	novembre
	décembre

B Solution
1 deux heures
2 trois heures et demie/trois heures trente
3 quatre heures et quart/quatre heures quinze
4 cinq heures quarante-cinq/six heures moins le quart
5 onze heures vingt
6 seize heures
7 quatorze heures cinquante-cinq/quinze heures moins cinq
8 seize heures vingt-cinq
9 dix-huit heures quarante/dix-neuf heures moins vingt

C Solution
1 16.30
2 14.20
3 22.00
4 23.40
5 19.55
6 13.19
7 15.15
8 9.45

Worksheet 5 Profiling a person

Students' choice. Give marks for words used in correct contexts, and grammatical agreement.

Worksheet 6 Perfect tense 1

A Solution
1 allés
2 arrivés
3 rentré
4 partie
5 venues
6 tombée
7 devenue
8 sorti/arrivé
9 entrés
10 restée

B Solution
1 sont arrivés
2 est partie
3 est descendue
4 est restée
5 sont devenus
6 suis allé(e)
7 est mort
8 suis né(e)
9 sont rentrés
10 sommes devenus

C Solution
1 Je suis allé(e) au cinéma avec mes copains.
2 Nous sommes arrivés en ville vers six heures du soir.
3 Nous sommes descendus devant l'église.
4 Après avoir mangé, nous sommes partis pour le cinéma.
5 On est entré tout de suite.
6 Pendant le film, des voleurs sont montés sur le toit d'une banque.
7 Ils sont tombés et un voleur est mort sur le trottoir.
8 Nous sommes restés au cinéma jusqu'à onze heures.
9 Moi et mes copains sommes rentrés après minuit.
10 Simon et Jean sont devenus fatigués.

Worksheet 7 Using Après avoir/être ...

A Solution
1 Après avoir rangé ma chambre, je me suis lavé les mains.
2 Après avoir fait une randonnée, je suis rentré(e) à la maison.
3 Après être arrivé(e) en ville, j'ai fait des courses.
4 Après avoir fait mes devoirs, j'ai bavardé avec mes amis.
5 Après avoir joué au badminton à la plage, j'ai bu une tasse de café.
6 Après avoir visité le musée, j'ai acheté des souvenirs.

B Solution
Students' choice but NB:
2 subject must be masculine plural
4 subject must be feminine plural
5 subject must be singular
6 subject must be singular
7 subject must be masculine singular

© John Murray   Teacher's Resource Book 2   101

Worksheet answers

Worksheet 8 Talking about sports and activities

A Solution

1 rugby
2 pêche
3 tennis
4 natation
5 cyclisme
6 voile
7 patinage
8 golf
9 volley
10 badminton
11 football
12 équitation

B Solution

1 d; 2 e; 3 c; 4 g; 5 b; 6 f; 7 a

C Solution

1 aime
2 intéresse
3 est
4 aimes
5 trouve
6 faire
7 passionne
8 lire
9 adorons

Worksheet 9 Recognising 'false friends'

A Solution

actuel	not *actual*	but *current*	(*actual* = **vrai**)
commander	not *to command*	but *to order*	(*to command* = **ordonner**)
expansif	not *expensive*	but *open, generous*	(*expensive* = **cher**)
humeur	not *humour*	but *mood*	(*humour* = **humour**)
journée	not *journey*	but *day*	(*journey* = **voyage**)
large	not *large*	but *broad, wide*	(*large* = **grand, gros**)
lecture	not *lecture*	but *reading*	(*lecture* = **conférence**)
librairie	not *library*	but *bookshop*	(*library* = **bibliothèque**)
location	not *location*	but *hire, rental*	(*location* = **lieu**)
magasin	not *magazine*	but *shop*	(*magazine* = **revue, magazine**)
monnaie	not *money*	but *change, coins*	(*money* = **argent**)
pièce	not *piece*	but *room/coin*	(*piece* = **morceau**)
place	not *place*	but *seat/square*	(*place* = **endroit**)
plats	not *plates*	but *courses, dishes*	(*plates* = **assiettes**)
propre	not *proper*	but *clean/own*	(*proper* = **vrai**)
sensible	not *sensible*	but *sensitive*	(*sensible* = **sage**)
stage	not *stage*	but *training session*	(*stage* = **étape/scène**)
terrible	not *terrible*	but *wonderful, fantastic*	(*terrible* = **horrible**)
timbre	not *timber*	but *stamp*	(*timber* = **bois**)
travailler	not *to travel*	but *to work*	(*to travel* = **voyager**)

B Solution

1 humour
2 voyager
3 un morceau
4 ma revue
5 chères
6 large
7 horrible
8 assiettes

C Solution

1 BICYCLES FOR HIRE
2 READY-COOKED MEALS TO TAKE AWAY
3 BOOKSHOP – OPEN 9 – 5.30
4 OPEN ALL DAY – ENTRY FEE 2€
5 I don't like reading.
6 I have my own room.
7 I would like to order some CDs.
8 My friend is not sensitive.
9 Every weekend I go to the bookshop.

Worksheet 10 Phrases for letters

Solution

1 f; 2 e; 3 d; 4 a; 5 j; 6 i; 7 c; 8 m; 9 b; 10 h; 11 g; 12 l; 13 k

Worksheet 11 Talking about your weekend

Suggested solution

16 **Le soir samedi**, j'ai **fait mes** devoirs.
15 **L'après-midi**, j'ai rendu **visite** à ma tante.
14 Dimanche, **je me suis** levé(e) à onze heures.
13 **J'ai regardé un** jeu **télévisé. C'était excellent/ennuyeux/exécrable**. (Accept any relevant adjective that starts with E.)
12 **Le soir, j'ai** regardé **la télé(vision)**.
11 **J'ai bu un verre** de Coca-Cola.
10 **Moi, j'ai mangé** un sandwich.
9 À midi, **nous avons mangé** dans **un café**.
8 **J'ai acheté un** cadeau **pour mon** frère.
7 Moi, **j'ai acheté un** jean.
6 **Mon** amie a **acheté un T-shirt**.
5 **Nous sommes allé(e)s** à **un** magasin de **vêtements**.
4 **Nous** sommes **arrivé(e)s** à dix **heures** et demie.
3 Mes **ami(e)s sont** venu(e)s avec **moi**.
2 J'ai **pris** l'autobus.
1 Je suis allé(e) en ville.

Worksheet 12 Reflexive verbs

A Solution

En français	En anglais
se lever	**to get up**
se laver	to get washed
se blesser	**to injure yourself**
se dépêcher	to hurry
s'arrêter	**to stop**
se raser	to have a shave
se fâcher	**to get angry**
s'habiller	to get dressed
se demander	**to ask yourself, to wonder**
s'amuser	to enjoy yourself
se brûler	**to burn yourself**
s'intéresser à	to be interested in
se couper	**to cut yourself**
se taire	to be quiet
se faire mal	**to hurt yourself**
se sentir	to feel
se passer	**to happen**
s'entendre avec	to get on with (a person)

B Solution

1 Je **me** suis lev**é(e)** à sept heures et demie.
2 Je **me** suis lav**é(e)** avant de manger le petit déjeuner.
3 Hier, mon amie **s'est** bless**ée** en ville.
4 L'accident **s'**est pass**é** vers midi.
5 Une voiture rouge ne **s'**est pas arrêt**ée** au feu rouge.
6 Ses parents **se** sont dépêch**és** de la conduire à l'hôpital.
7 Moi, je **me** suis amus**é(e)** à la plage avec Céline.
8 L'après-midi, André **s'**est coup**é** les cheveux.

C Solution

1 «Aïe, je me suis **brûlé** le doigt!» a crié Janine.
2 «Est-ce que tu t'es **lavé** les cheveux ce matin?» a demandé mon amie.
3 Elle s'est bien **amusée** à la boum samedi.
4 Il s'est **rasé/fâché** deux fois aujourd'hui.
5 L'autobus ne s'est pas **arrêté** au marché.
6 Nous nous sommes très bien **amusées**, merci.
7 Aujourd'hui le prof s'est **fâché/rasé** comme toujours.
8 Malheureusement il s'est **coincé** la cheville.
9 «Qu'est-ce qui s'est **passé** ici?» a demandé le policier.
10 Elle s'est **habillée** en short et T-shirt.

Worksheet answers

Worksheet 13 Talking about problems and illness

A Solution
1 e; 2 b; 3 d; 4 g; 5 f; 6 a; 7 c

B Solution
1 J'ai mal à la tête.
2 J'ai mal au bras.
3 J'ai mal aux dents.
4 J'ai mal au pied.
5 J'ai mal à la cheville.
6 J'ai mal au genou.
7 J'ai mal au dos.
8 J'ai mal à la main.
9 J'ai mal au doigt.
10 J'ai mal à la gorge.
11 J'ai mal au pouce.
12 J'ai mal au nez.
13 J'ai mal à l'épaule.
14 J'ai mal au coude.
15 J'ai mal au ventre / à l'estomac.

C Solution

Personnes	Problèmes	Médicaments/produits
pharmacien	rhume	coton hydrophile
infirmier	rougeole	crème anti-solaire
opticien	mal de tête	sparadrap
médecin	mal de mer	sirop
kinésithérapeute	diarrhée	pastille
patient	angine	aspirine
psychologue	piqûre d'insecte	antibiotiques
dentiste	toux	dentifrice
		pansement
		savon

Worksheet 14 Adverbial phrases

A Solution
1 tous les jours
2 tous les week-ends
3 une fois par semaine
4 deux fois par jour
5 deux fois par semaine
6 une fois par an

B Solution
1 h; 2 d; 3 e; 4 j; 5 i; 6 p; 7 n; 8 l; 9 c; 10 g; 11 b; 12 k; 13 o; 14 a; 15 m; 16 f

Worksheet 15 Adjectives 1

A Solution
1 âgée
2 brunes, blanches
3 petit
4 petits, rouges
5 moderne
6 joli
7 françaises
8 bleue, jaune
9 ridicule
10 vieille

B Solution
Allow alternatives, if the endings are correct.
1 désagréable
2 méchants
3 paresseux
4 courte
5 cadet, cadette
6 ennuyeuses
7 gâté, têtu
8 jaloux, nouvel
9 petits, mignons

C Solution
Accept answers which agree correctly in gender and number.

Worksheet 16 Talking about your family

A Solution
Masculins: oncle, demi-frère, mari, neveu, gendre, divorcé, adolescent, copain
Féminins: nièce, tante, cousine, grand-mère, belle-fille, jumelles, veuve
Les deux: adulte, enfant unique, gens, parent

B Solution
1 c; 2 e; 3 a; 4 b; 5 f; 6 d

C Solution
Students' choice. Accept answers which are grammatically correct.

Worksheet 17 Talking about animals

A Solution
1 e; 2 a; 3 d; 4 c

B Solution
1 la girafe
2 le serpent
3 le zèbre
4 le poisson
5 le dauphin
6 l'ours blanc
7 le tigre
8 le perroquet
9 la grenouille
10 l'aigle

Worksheet answers

Worksheet 18 Clothes and shopping

A Solution
1 baskets
2 chaussures
3 chemise
4 pantalon
5 bikini
6 slip
7 collant
8 robe
9 tricot
10 jogging
11 gants

B Solution
1 bague
2 boucles d'oreille
3 portable
4 montre
5 sac à main
6 parapluie
7 valise

C Solution
1 quelle
2 va
3 offrir
4 trop
5 moins
6 avez
7 rayon
8 essayer
9 préfère
10 deux

Worksheet 19 Perfect tense 2

A Solution

Anglais	Infinitif	Participe passé
to do/make	faire	fait
to read	lire	**lu**
to put	**mettre**	**mis**
to eat	manger	**mangé**
to drink	boire	**bu**
to talk, speak	parler	parlé
to buy	acheter	**acheté**
to take	prendre	**pris**
to see	**voir**	vu
to sleep	dormir	dormi
to finish	finir	**fini**
to open	**ouvrir**	ouvert
to be able	**pouvoir**	pu

B Solution
1 avons fait, avons visité
2 ai mangé, ai bu
3 ai pris, ai oublié
4 as lu, ai donné
5 ont joué, ont bavardé

C Solution
Some of the more likely choices are shown. Other answers are acceptable.
1 acheté
2 fait/essayé
3 fait/fini/complété
4 oublié/mis
5 vu/regardé
6 mangé/pris
7 gagné/perdu
8 mis/perdu/ruiné

Worksheet 20 Talking about the future

A Solution
1 allons
2 vont
3 vais
4 allons
5 allez
6 vas
7 vais
8 vont
9 allons
10 vais

B Solution
1 irai
2 rentrerons
3 rendrai
4 reviendront
5 resteront
6 nettoyeront
7 ferez
8 changera
9 auront
10 finira

C Solution
Students' choice: allow any grammatically correct answer which is feasible.

Worksheet 21 Before and after

A Solution
1 Avant de faire le repassage, elle a téléphoné à Paul.
2 Avant de quitter la maison, il a pris/bu une tasse de café.
3 Avant de faire la vaisselle, elle a regardé la télé.
4 Avant de laver la voiture, il a promené le chien.
5 Avant de dormir/s'endormir, elle a lu un livre.
6 Avant de prendre un verre de vin au café, il a fait les courses/il est allé au supermarché.

Worksheet answers

B Solution
1 Après avoir téléphoné à Paul, elle a fait le repassage.
2 Après avoir pris/bu une tasse de café, il a quitté la maison.
3 Après avoir regardé la télé, elle a fait la vaisselle.
4 Après avoir promené le chen, il a lavé la voiture.
5 Après avoir lu un livre, elle a dormi/elle s'est endormie.
6 Après avoir fait les courses/Après être allé au supermarché, il a pris un verre de vin au café.

Worksheet 22 Countries and geography

A Solution
1 Allemagne
2 Autriche
3 Belgique
4 Danemark
5 Espagne
6 Finlande
7 France
8 Grèce
9 Hongrie
10 Irelande
11 Italie
12 Norvège
13 Pays-Bas
14 Pologne
15 Portugal
16 République Tchèque
17 Royaume-Uni
18 Slovakie
19 Suède
20 Suisse

B Solution
1 Asie
2 Amérique
3 Europe
4 Afrique
5 Europe
6 Amérique
7 Afrique
8 Asie
9 Amérique
10 Asie
11 Europe
12 Europe
13 Asie
14 Afrique
15 Afrique

Worksheet 23 Talking about towns, countries and nationalities

A Solution
1 en
2 à
3 au
4 en
5 à
6 en
7 en
8 au
9 à
10 aux
11 à
12 à

B Solution
1 en Suisse
2 Russie
3 en Italie/italienne
4 Berlin
5 nord
6 la Pologne
7 l'Angleterre
8 Édimbourg
9 Autriche
10 Grande-Bretagne

C Solution
1 any adjectives in masculine singular
2 allemande/autrichienne
3 anglais
4 italienne
5 indiens
6 any adjectives which agree correctly: 2 feminine plural, and one masculine plural

Worksheet 24 Talking about the weather

A Solution

Présent	Imparfait
Il pleut	Il pleuvait
Il neige	**Il neigeait**
Il fait beau	**Il faisait beau**
Il fait du vent	Il faisait du vent
Il gèle	Il gelait
Il y a du tonnerre	**Il y avait du tonnerre**
Le soleil brille	Le soleil brillait
Il y a des nuages	**Il y avait des nuages**
Il fait froid	Il faisait froid
Il y a des éclairs	**Il y avait des éclairs**
La pluie tombe	**La pluie tombait**

B Solution
1 i; 2 c; 3 e; 4 a; 5 h; 6 j; 7 b; 8 f

Worksheet 25 More verb practice

 Solution

Infinitif	Phrase française	Phrase anglaise
vouloir	j'ai voulu	I wanted
être	nous avons été	we have been
pouvoir	il n'a pas pu	he hasn't been able to
partir	elle est partie	she has left
dire	nous disons	we say
faire	vous faites	you do
boire	qu'as-tu bu?	what did you drink?
venir	ils viennent	they are coming
voir	je vois	I see
lire	ils lisent	they are reading
faire	elles font	they do/make
partir	il part	he leaves
être	nous sommes	we are
écrire	on a écrit	someone has written
écrire	nous écrivons	we are writing

B Solution

1. **a** Le train part à 16h30.
   b Le train est parti à 16h30.
2. **a** J'écris un mél à un vieux copain.
   b J'ai écrit un mél à un vieux copain.
3. **a** Avant de commander, nous lisons la carte.
   b Avant de commander, nous avons lu la carte.
4. **a** Est-ce que tu peux comprendre les instructions?
   b Est-ce que tu as pu comprendre les instructions?
5. **a** Nous sommes heureux d'être là.
   b Nous avons été heureux d'être là.
6. **a** Je ne vois pas le cycliste enivré.
   b Je n'ai pas vu le cycliste enivré.
7. **a** Est-ce que vous voulez lire ce magazine?
   b Est-ce que vous avez voulu lire ce magazine?
8. **a** Que dites-vous?
   b Qu'avez-vous dit?
9. **a** Le train part à quelle heure?
   b Le train est parti à quelle heure?

Worksheet 26 Talking about parts of a car

A Solution

1. la portière
2. les sièges
3. le volant
4. le clignotant
5. le coffre
6. la ceinture de sécurité
7. les freins
8. le pneu
9. la clé
10. le pare-brise
11. le klaxon
12. les essuie-glaces

 Solution

1. clignotant
2. clé
3. pare-brise
4. klaxon
5. pneu
6. coffre
7. freins
8. essuie-glaces

Worksheet 27 Questions

A Solution

1. Qu'est-ce que
2. Où/Depuis quand
3. À quelle heure/Quand
4. Pourquoi/Pour quelle raison
5. Où
6. Comment
7. Que
8. Combien

 Solution

Allow any feasible and accurate questions.

© John Murray   Teacher's Resource Book 2

Worksheet answers

Worksheet 28 Possessive adjectives

A Solution

Other answers are possible and should be allowed as long as they are grammatically correct.

1 mon
2 ta
3 Ta
4 mes
5 notre
6 mon
7 leur
8 vos
9 vos
10 mon

B Solution

1 sa
2 son
3 ses
4 ses
5 sa
6 sa
7 son
8 sa
9 sa
10 ses
11 ses
12 son

Worksheet 29 Imperfect tense

Solution

1 Je jouais aux cartes.
2 Je préparais des légumes/le repas./Je faisais la cuisine.
3 Je travaillais dans le jardin./Je faisais du jardinage.
4 Je faisais les lits./Je faisais le ménage.
5 Je mettais la table.
6 Je me promenais sur la plage.
7 Je lisais une revue.
8 Nous jouions au tennis.

Worksheet 30 Phrases for conversations

Solution

1 i; 2 l; 3 h; 4 n; 5 o; 6 f; 7 g; 8 d; 9 e/t; 10 k; 11 p;
12 c; 13 m; 14 q; 15 r; 16 e/t; 17 s; 18 j; 19 a; 20 b

Worksheet 31 Talking about jobs

A Solution

Homme	Femme	Les deux
musicien	employée de banque	concierge
serveur	boulangère	kinésithérapeute
jardinier	informaticienne	architecte
marchand de légumes	institutrice	agent de police
plombier	directrice	dentiste
avocat	mécanicienne	pilote
infirmier	coiffeuse	professeur
programmeur	vendeuse	vétérinaire
fermier	pharmacienne	secrétaire
maître nageur	chômeuse	journaliste
hôtelier		peintre

B Solution

1 institutrice
2 journaliste
3 chômeuse
4 pharmacienne
5 avocat
6 informaticienne
7 peintre
8 infirmier
9 musicien
10 vétérinaire
11 marchand de légumes

Worksheet 32 Prepositions

A Solution

1 du
2 des
3 des, des
4 de la
5 du
6 des
7 des
8 de l'
9 de la
10 des

B Solution

1 au
2 au
3 à l'
4 à l'
5 au
6 aux
7 à la
8 aux
9 à la
10 au

C Solution
1 d'
2 de
3 des
4 de
5 de la
6 de
7 de
8 de
9 de la
10 de

Worksheet 33 Talking about a day of work experience

Solution

Students' choice: make sure choices are grammatically correct.

Worksheet 34 Saying what you must do

A Solution
1 doit
2 obligatoire
3 fallait
4 devait
5 interdit
6 nécessaire
7 faut
8 dois
9 permis

B Solution
Students' choice.

Worksheet 35 Expressions with ne …

A Solution
1 I had no desire to enter the building.
2 My uncle had only one eye.
3 Have you never seen the sea, Patrick?
4 I don't like either pop music or classical music.
5 I don't play the violin any more.
6 My friend doesn't go to dancing school any more.
7 She doesn't like either sports programmes or soaps.
8 We didn't arrive until seven o'clock.
9 I have only been to France once.

B Solution
(Other answers are possible.)
1 Il **ne va jamais** au marché.
2 Ils **jouent toujours** au rugby.
3 Il gagne **beaucoup**.
4 Abdul **dort toujours** en classe.
5 Je **ne l'aime plus**!
6 **Ne tombez pas**, Pierre!
7 Mimi **n'a rien vu**.
8 Je **n'en mange jamais**.

Worksheet 36 Comparisons

A Solution
1 Coca-Cola
2 Everest
3 baleine
4 Pluton
5 Pacifique
6 Bill Gates

B Solution
Students' choice.

C Solution
1 que
2 plus/moins
3 plus/moins
4 plus/moins
5 que
6 plus, qu'
7 plus, que
8 plus/moins

Worksheet 37 Adjectives 2

A Solution

Masculin	Féminin
ancien	ancienne
beau	**belle**
blanc	blanche
cher	**chère**
doux	douce
épais	**épaisse**
fascinant	fascinante
faux	**fausse**
favori	favorite
frais	**fraîche**
gentil	gentille
heureux	**heureuse**
historique	historique
intéressant	**intéressante**
joli	jolie
long	**longue**
nouveau	nouvelle
vieux	**vieille**

B Solution
1 fraîche
2 doux
3 gentils
4 nouvelle/vieille
5 favorites
6 long
7 nouvelles
8 blanche
9 fou
10 vieille

Worksheet answers

C Solution
1 un pantalon cher
2 mon ancien professeur
3 ma propre chambre
4 un homme grand
5 une chemise propre
6 la cathédrale ancienne
7 un grand homme
8 un enfant brave
9 un enfant gros
10 un gros problème

Worksheet 38 Finding your way around a youth hostel

Solution
1 j; 2 b; 3 g; 4 k; 5 p; 6 o; 7 n; 8 i; 9 h; 10 e; 11 f; 12 d; 13 c; 14 m; 15 l; 16 a

Worksheet 39 The conditional

A Solution
1 jouerais
2 apprendrais
3 ferais
4 achèterais
5 sortirait
6 verriez
7 pourrait

B Solution
Students' choice.

Worksheet 40 Pronouns

A Solution
1 le
2 le
3 l'
4 l'
5 les
6 le
7 le
8 la
9 la

B Solution
1 Mon album, tu l'as vu, chérie?
2 Mes gants! Je les ai laissés au café!
3 Vos devoirs, vous les avez faits, mes enfants?
4 La voiture, est-ce que vous l'avez réparée?
5 Maman, mes revues, où est-ce que tu les as mises?
6 Ah non, mes devoirs! Tu les as mangés, Fido?
7 Je n'aimais pas cette vieille robe. Je l'ai donnée à Marie.

C Solution
1 Monsieur, est-ce que vous pouvez m'aider?
2 Je vous ai déjà dit la réponse.
3 Je vais te donner l'argent pour tes sandwichs.
4 Bon, continuez, je vous écoute, monsieur./Bon, continuez monsieur, je vous écoute.
5 Est-ce que vous pouvez m'envoyer des brochures?
6 Il ne nous a pas vus.
7 Nous vous avons regardés pendant une heure.